HAVÉRE 1964

MONT-REVÊCHE

PAR

GEORGE SAND.

1

PARIS
ALEXANDRE CADOT, ÉDITEUR,
37, RUE SERPENTE.

1853

MONT-REVÊCHE.

Ouvrages de A. de Gondrecourt.

EN VENTE

Aventures du Chevalier de Pampelonne	5 vol.
La Tour de Dago	5 vol.
Le Bout de l'oreille	7 vol.
Le Légataire	2 vol.
Les Péchés mignons	5 vol.
Médine	2 vol.
La Marquise de Candeuil	2 vol.
Un Ami diabolique	3 vol.
Les derniers Kervon	2 vol.

Sous presse.

Mémoires d'un vieux Garçon

Ouvrages du Marquis de Foudras.

EN VENTE

Le Chevalier d'Estagnol	6 vol.
Diane et Vénus	4 vol.
Madeleine Repentante (*suite du Caprice*)	4 vol.
Un Caprice de grande dame (in-18)	3 vol.
Un Capitaine de Beauvoisis	4 vol.
Jacques de Brancion	5 vol.
Les Gentilshommes chasseurs	2 vol.
Les Viveurs d'autrefois	4 vol.
Les Chevaliers du Lansquenet	10 vol.
Madame de Miremont	2 vol.
Lord Algernon (*suite de madame de Miremont*)	4 vol.
Lilla la Tyrolienne (*épuisé*)	4 vol.
Tristan de Beauregard (*épuisé*)	4 vol.
Suzanne d'Estouville (*épuisé*)	4 vol.
La comtesse Alvinzi	2 vol.
Le Capitaine La Curée	4 vol.

Sous presse.

Un Drame en famille

Ouvrage d'Alexandre Dumas.

LA COMTESSE DE SALISBURY.

6 volumes in-8.

On vend séparément les derniers volumes pour compléter la première édition.

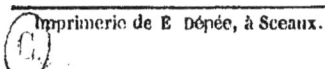
Imprimerie de E Dépée, à Sceaux.

MONT-REVÊCHE

PAR

GEORGE SAND.

1

PARIS
ALEXANDRE CADOT, ÉDITEUR,
37, RUE SERPENTE.

1853

AVANT-PROPOS.

Voici encore un roman à propos duquel on dira probablement comme on a dit à propos de tous ceux que j'ai faits, comme on dit à propos de tous les romans en général : qu'est-ce que cela prouve?

Oui, il y a une classe de lecteurs qui s'irrite contre l'auteur *qui ne conclut pas*. Mais, en revanche, il y a une autre classe de lecteurs qui voit dans tout détail un plaidoyer, dans tout dénouement une démonstration, et qui, finalement, s'irrite de la conclusion qu'elle impute à l'auteur. L'une et l'autre classe de lecteurs vit de ce préjugé très accrédité dans l'histoire des arts, que le roman doit fournir une conclusion aux idées qu'il soulève et *prouver* quelque chose.

Je n'ai jamais songé à demander rien de ce genre aux ouvrages d'art; voilà pourquoi je n'ai jamais songé à m'imposer rien de semblable. Mais sans doute il m'est permis aujourd'hui de répondre à cette objection injuste, non pas quant à moi peut-être, car il est fort possible que je n'aie fait preuve que d'impuissance en ne concluant pas, mais injuste au premier chef envers le roman en général.

On aime assez, depuis les contes de fées jusqu'aux mélodrames, que le vice soit puni et la vertu récompensée. Pour mon compte, cela me plaît aussi, je l'avoue ; mais cela ne prouve malheureusement rien, ni dans un conte ni dans un drame. Quand le vice n'est pas puni dans un livre ou sur un théâtre, ce qui est tout aussi vrai dans la vie réelle que le sort contraire, il n'est pas prouvé, pour cela, que le vice ne soit pas haïssable et punissable. Quand la vertu n'est pas plus récompensée dans la fiction littéraire qu'elle ne l'est souvent dans la réalité, l'auteur, eût-il voulu prouver cette énormité que la vertu est inutile en ce monde, n'en aurait pas moins prouvé une seule chose, à savoir, qu'il est fort injuste et quelque peu absurde.

Qu'est-ce que la fable d'un roman, d'une tragédie, d'une narration quelconque? C'est l'histoire vraie ou fictive d'un fait, c'est un récit. Voilà ce que j'appellerai le roman du roman. Tout ce qu'on y fait entrer d'ornements pour la peinture, ou de réflexions pour la pensée, n'en est que l'accessoire ; mais ce sont des choses si distinctes, que ces accessoires semblent quelquefois assez agréables pour faire oublier et pardonner la mauvaise combinaison de l'action, tandis que, parfois aussi, l'intérêt et l'habileté de cette combinaison font que le style sans charme et les détails sans vraisemblance trouvent grâce devant le lecteur. Mais je demande ce qu'un fait a jamais prouvé, et je défie bien qu'on me réponde. Si aucun fait particulier ne prouve dans l'histoire réelle des hommes, comment le récit d'un fait imaginaire prouverait-il? Comment pourrait-il être invoqué comme une conclusion quelconque aux théories que le narrateur a pu soulever et discuter en passant, ou faire discuter par ses personnages? En vérité, que le bon triomphe du mauvais à la fin, ou que le méchant mange le juste, que la veuve se console ou meure d'une fluxion de poitrine, que le traître fasse fortune ou qu'il aille aux galères, que l'homme vertueux soit récompensé par la société ou par le simple témoignage de sa conscience; j'avoue que cela m'est bien égal, pourvu que leurs existences se soient liées et dénouées d'une manière qui m'intéresse jusqu'au bout. Je me trouverais par trop simple, si j'attendais après le parti que prendra la fantaisie de l'auteur, pour me faire une opinion sur le vrai et le faux dans la nature, sur le juste ou l'injuste dans la société.

Si le vaisseau qui ramène Virginie ne faisait pas naufrage au port, cela prouverait-il que les chastes amours sont toujours couronnées de bonheur? Et de ce que ce maudit vaisseau sombre avec l'intéressante héroïne, cela prouve-t-il que les vrais amants ne sont jamais heureux? Qu'est-ce que cela prouve, Paul et Virginie? Cela prouve que la jeunesse, l'amitié, l'amour et la nature des tropiques sont de bien belles choses quand Bernardin-de-Saint-Pierre les raconte et les décrit.

Si Faust n'était pas entraîné et vaincu par le diable, cela prouverait-il que les passions sont moins fortes que la sagesse? Et, de ce que le diable est plus fort que le philosophe, cela prouve-t-il que la philosophie ne puisse jamais vaincre les passions? Qu'est-ce que cela prouve, Faust? Cela prouve que la science, la poésie, les sentiments humains, les images fantastiques, les idées profondes, gracieuses ou terribles sont de bien belles choses quand Goëthe en fait un tableau émouvant et sublime.

Si Julie ne tombait pas dans le Léman, si Tancrède ne tuait pas Clorinde, si Pyrrhus épousait Andromaque, si Daphnis n'épousait pas Chloé, si la fiancée de Lammermoor ne devenait pas folle, si le Giaour ne devenait pas moine, nous perdrions les plus belles pages d'autant de chefs-d'œuvre, mais il n'y aurait pas une preuve de plus ou de moins, pas une conclusion manquée ou trouvée dans ces conceptions de l'intelligence.

Je trouve donc la critique oiseuse, quand elle discute la fantaisie, et fâcheuse pour l'art quand elle veut astreindre la fantaisie à être une démonstration concluante. Je veux qu'on nous permette de démontrer à notre point de vue tout ce qu'il nous plaira, mais non pas que ceux qui combattent ou partagent nos sentiments demandent compte de nos sentiments au choix d'un fait plutôt qu'à celui d'un autre. Je ne veux pas que les uns nous crient : « La conclusion est évitée; » que les autres crient après nous : « La conclusion est criminelle. »

J'ai fait un roman qui s'appelait *Leo-*

ne-Leoni, où le séducteur n'était pas puni. Des gens ont dit : Voyez quelle immoralité ! l'auteur a voulu prouver que les scélérats sont tous aimés et triomphants. — J'ai fait un roman qui s'appelait *Jacques*, où l'époux trahi mourait de chagrin. Des gens ont dit : Voyez quelle insolence ! l'auteur prétend que tous les maris trompés doivent se laisser mourir de chagrin ! — J'ai fait, selon ma fantaisie du moment, au moins vingt dénoûments divers et qui, pour ceux qui y entendaient malice, prouvaient au moins vingt solutions contradictoires. Toutes prouvaient trop selon les uns, aucune ne prouvait assez selon les autres. J'avoue que ceci m'a persuadé de plus en plus que le but, le fait et le propre du roman sont de raconter une histoire dont chacun doit tirer une conclusion à son gré, conforme ou contraire aux sentiments que l'auteur manifeste par son sentiment. L'auteur ne prouvera jamais rien par un exemple matériel du danger ou des avantages manifestes du mal ou du bien. Une œuvre d'art est une création du sentiment. Le sentiment s'éprouve et ne se prouve pas. Ce qui inspire l'écrivain, c'est quelque chose d'abstrait. L'abstrait ne se prouve pas par le concret, le fait ne justifie ni ne détruit la théorie, le réel ne conclut rien pour ou contre l'idéal.

Or, le roman étant forcé de tourner dans la peinture des faits réels, il ne faut pas lui demander ce qui n'est pas de son ressort; ce qui, en bien des cas, tuerait l'art et l'intérêt dans le roman.

I

1. 2.

I

— Tu as mille fois raison, mon cher ami, disait Flavien ; mais la raison est une sotte : elle n'a jamais guéri que les gens bien portants, et moi, je suis malade, très malade, ne le vois-tu pas ? J'ai une fièvre nerveuse qui me rend insupportable aux autres et à moi-même.

— Ta fièvre est une sotte, répondait Thierray. Elle n'a jamais tué que les êtres faibles au moral et au physique, les niais. Tu es un des êtres les mieux organisés que je connaisse : donc une crise d'irritation nerveuse causée par le plus vulgaire des chagrins n'est pas un mal dont tu ne puisses triompher, s'il te plaît, en deux heures.

— Oui, je sais que d'ici à deux heures je peux m'entendre avec une femme plus belle et peut-être tout aussi aimable que Léonice. Mais il me faudra peut-être deux mois pour trouver supportables, auprès de celle-là, les heures que j'avais fini par trouver assez douces auprès de celle-ci.

— Sais-tu une idée qui me vient? reprit Thierray. C'est que tu es né pour le mariage.

— D'où te vient cette idée lumineuse?

— De ta manière d'aimer qui me paraît fondée sur l'habitude, sur les besoins de l'intimité bourgeoise.

— Tu te trompes. J'ai des besoins et des habitudes de domination patriciennes : c'est bien différent. Voilà pourquoi jusqu'ici je n'ai eu de goût que pour les femmes qu'on achète.

— Oh! mon cher ami, dit Thierray, j'ai toujours remarqué que les hommes, même les mieux trempés, choisissent de bonne foi, pour faire illusion aux autres et à eux-mêmes, la qualité ou le défaut qu'ils possèdent le moins.

— Détrompe-toi à mon égard, répondit Flavien. Cet esprit de domination qui va, je le sens, jusqu'à la tyrannie,

je ne m'en vante ni ne m'en accuse.
Qu'en dis-tu, toi? est-ce une qualité ou
un défaut? Voyons, observateur, fai-
seur d'analyses, homme de lettres,
prononce, je t'écoute. Tu as le goût
de la dissection, et il n'est pas un de tes
amis dont tu n'aies fait l'autopsie intellectuelle, ne fût-ce que par manière de
passe-temps? C'est ton état.

— J'y réfléchirai, dit Thierray avec
un peu de hauteur. Je ne suis pas homme
de lettres du lever au coucher du soleil.
J'ai, tout comme un autre, mes heures
de paresse, et quand je chevauche au
bois de Boulogne, j'ai du plaisir à me

sentir aussi bête que mon cheval.

— Bête comme un cavalier, tu veux dire, car c'est ton opinion bien avérée.

Cette réplique fut faite avec assez d'humeur.

Flavien de Saulges était noble et riche. Jules Thierray était sans aïeux et sans fortune. Ils étaient intelligents tous deux, le premier sans instruction solide, l'autre avec du savoir et du talent. Ils avaient été élevés ensemble, nous dirons plus tard comment, et comment aussi, ne s'étant jamais complètement perdus de vue, ils étaient restés liés par un sentiment qui, chez Thierray, n'était ni l'affection, ni l'antipathie, mais qui tenait certainement de l'une et de l'autre. Flavien ne manquait ni d'esprit, ni de pénétration naturelle, mais il se donnait rarement la peine de réfléchir, quoi qu'il dissertât souvent d'un ton sérieux, tandisque Thierray réfléchissait presque toujours en ayant l'air de ne disserter que par raillerie.

Ce soir-là pourtant, il avait eu l'intention d'être sérieux avec Flavien, parce que Flavien était réellement assez vivement affecté. Thierray se sentait entraîné par une sorte de sympathie compatissante pour son ami d'enfance, en même temps qu'attiré par le plaisir de constater une faiblesse chez son rival dans la vie. Car ils étaient, bien réellement, et sans trop s'en rendre compte, un peu jaloux l'un de l'autre, et comme qui dirait concurrents par nature, l'un ayant tout ce que l'autre ne pouvait pas avoir, et réciproquement.

Donc, ils en étaient venus, au bout d'un quart-d'heure d'épanchement, à une de ces bouffées d'aigreur involontaire qui eussent souvent amené un refroidissement sans la souplesse d'esprit et la fermeté de caractère dont Thierray était doué. Flavien de Saulges, en ripostant, avait mis son cheval au galop, comme pour dire à son compagnon qu'il pouvait le laisser à lui-même si bon lui semblait. Thierray hésita un instant, se mordit la lèvre, haussa les épaules, sourit, prit le galop sans bruit sur l'allée sablonneuse, et rejoignit de Saulges à la porte Maillot.

— Mon cher ami, lui dit-il, le galop me fait du bien, à moi qui suis d'un sang très froid, mais je t'assure que c'est un mauvais remède pour la fièvre, et que tu ferais mieux de rentrer au pas, à moins que je ne dérange le cours de tes pensées, et que...

— Non, Jules, répondit spontanément Flavien qui ne connaissait pas la rancune, et qui, de sa vie, n'avait résisté à une avance; au contraire, j'ai besoin de causer avec la seule personne qui sache ou veuille me comprendre. Causons, si ma mauvaise et sotte humeur ne t'ennuie pas horriblement.

Et ils causèrent : de Léonice d'abord, fille pimpante, audacieuse et spirituelle, que Flavien s'était piqué d'accaparer, qu'il avait perdu quelque temps à mâter, c'était son expression, et qui lui échappait au moment où, croyant régner pardessus tout, il avait été dépossédé brusquement. Il avoua de bonne grâce à Thierray que de lui-même, il l'eût peut-être quittée la semaine suivante, mais qu'il était irrité au dernier point d'avoir été prévenu ; le tout par amour-propre et rien de plus. Il convint que ce genre d'amour-propre était puéril et qu'il fallait le combattre en soi-même, ou tout au moins le cacher à ses meilleurs amis. Thierray, qui aimait à le conseiller sans en avoir l'air, le fit renoncer à toute idée de vengeance en lui montrant le ridicule qui s'attache aux scandales de ce genre.

Ensuite ils parlèrent de l'amour en général, et comme il y a mille manières d'aimer, Flavien se trouva forcé d'avouer qu'il avait eu pour Léonice une sorte d'affection grossière, passionnée sans tendresse, jalouse sans estime ; et quand Thierray l'eut mis ainsi en contradiction avec lui-même, il s'en réjouit intérieurement. — Tu as le profil plus pur, la barbe plus épaisse, les épaules plus larges que ton humble compagnon d'études, pensait-il ; tu montes à cheval d'une manière plus brillante ; tu as un nom, grand prestige auprès des femmes d'un certain monde! Tu as plus de noblesse, sinon d'aisance, dans les manières ; tu as des valets que tu sais commander; chose difficile à acquérir, l'air du commandemant! et qui se contracte en naissant. Tu es riche, tu peux te passer d'esprit et de savoir-vivre : cependant tu as de l'un et de l'autre ; tu es estimé parce que tu es brave, aimé même parce que tu n'es pas méchant. Ta part serait trop belle, si tu avais du jugement, mais tu en es dépourvu, je le sais de reste : donc il est bien des avantages que la destinée me refuse, et que je saurai probablement conquérir avant toi.

Après quelques minutes de ce résumé silencieux, Thierray reprit la conversation.

Il fut convenu qu'on ne parlerait plus de Léonice, et déjà la colère du jeune comte était dissipée. Il ne demandait pas mieux que de s'en distraire pour l'oublier entièrement. Thierray lui proposa d'entrer au Cirque des Champs-Elysées, où ils étaient sûrs de rencontrer quelques-uns de leurs amis.

Soit! dit Flavien.

Ils jetèrent les rênes aux laquais qui

les suivaient et qui emmenèrent leurs chevaux.

A peine furent-ils entrés, que Thierray fut abordé par un homme d'une figure distinguée qui ne fixa pas l'attention de Flavien. Quand ils eurent causé ensemble quelques instants, Thierray vint rejoindre son compagnon.

— Mon cher de Saulges, lui dit-il avec un peu d'émotion, je te dis adieu ; je rentre pour mettre de l'ordre, je ne dirai pas dans mes affaires, ce serait supposer que j'ai de grands intérêts d'argent dans ce monde, mais dans mes papiers, dans mes griffonnages. Je pars demain pour la province.

C'est donc ce monsieur qui t'enlève ? dit Flavien en s'éloignant du groupe où il s'était mêlé d'abord, et cherchant la personne qui avait abordé Thierray et qui s'éloignait. Est-ce un parent ?

— Non, c'est un mari, répondit Thierray.

— Ah ! fort bien. C'est tout dire. Mais chercher une femme en province ! Fi ! Je ne reconnais pas l'homme de goût qui peint si bien les femmes du monde, qu'on le croirait au mieux avec plusieurs duchesses.

— Celle-là, dit Thierray en cachant son dépit pour un compliment qui lui sembla renfermer une épigramme, n'est ni une provinciale, ni une femme du monde. C'est une femme de cœur et d'esprit, voilà tout!

— Une femme de cœur? Drôle de définition! Je ne connais pas cette variété. Cela doit être ennuyeux.

— Flavien, nous nous maniérons! Tu vaux mieux que cela.

— Ma foi, non! mais c'est ma faute. J'ai eu une vie si paresseuse! Je ne fais pas de romans, moi ; je n'ai pas besoin d'étudier tous les types. Enfin, tu dis que cette *femme de cœur* te plaît?

— Mieux que cela, j'en suis amoureux, mais *sans espoir,* comme disent ces imbéciles de romanciers.

— Je comprends, je comprends, Thierray, c'est ce que je disais : tu étudies!

— Mais non! je contemple, j'admire, je savoure.

— Allons donc! toi amoureux d'une

femme vertueuse ! Un garçon qui a tant d'esprit, tant de raison, tant de logique ? Tu m'as dit, il n'y a pas une heure, ce que je me suis dit cent fois... sans être un roué ; mais cela tombe sous le sens: « Pourquoi convoiter une femme vertueuse, puisque le jour où elle vous cède elle cesse de l'être ! »

— C'est toi, dominateur superbe, qui me fais cette question-là ? Et le combat ? et le triomphe ?

— Bah ! bah ! c'est trop facile. Triompher de la personnalité, de l'égoïsme, de la cupidité, du caprice, voilà qui en vaut la peine ! Mais triompher de la vertu ! ma foi ! je ne voudrais pas l'essayer, tant cela me semble banal.

— Flavien, vous êtes corrompu déjà, et moi, votre aîné, je ne le suis pas encore. Croyez-en ce que vous voudrez, mais la vertu est une puissance morale, une force intellectuelle, je l'aime pour elle-même...

— A preuve que tu veux la corrompre ! Allons, logicien, tu déraisonnes, ou tu te moques de moi. Bonsoir et bon voyage !...

— Je ne veux pas te laisser sur cette

hérésie, dit Thierray. Si tu ne tiens pas à voir mademoiselle Caroline sauter la barrière, reconduis-moi à mon taudis de poète, et je te demanderai peut-être un service.

— Oui-dà! que je t'accompagne pour occuper ce mari confiant, pendant que tu déploieras les batteries de ton éloquence auprès de sa vertueuse moitié?

— Peut-être!

— Oh! je n'ai pas ce courage, ne me demande jamais rien de pareil; je suis égoïste.

—Et tu as raison, répondit Thierray. Je le suis aussi, c'est pourquoi je te quitte. Adieu !

Et il s'éloigna.

Au bout d'une heure, comme il faisait chez lui ses préparatifs de départ, il vit entrer de Saulges. Ce dernier était fort agité, et l'habitude du monde ne lui avait pas fait acquérir la faculté de paraître toujours calme en dépit de lui-même. C'était un homme de premier mouvement.

— Flavien, lui dit Thierray, tu viens

de faire une folie ; et il ajouta intérieurement : ou une sottise.

— Non, répondit avec franchise Flavien en rallumant son cigare, mais j'ai été tenté d'en faire une, je le suis encore, voilà pourquoi j'accours trouver mon sage Mentor, afin qu'il me préserve de moi-même.

— *Mentor?* dit Thierray. Dans la bouche d'un homme qui se pique de faire obéir tout le monde et de ne céder jamais, cela correspond à l'épithète de pédagogue.

— Mon Dieu ! Jules, que tu es susceptible! Est-ce ainsi que tu me reçois quand je viens chercher près de toi le calme dont j'ai besoin ?

— Es-tu bien sûr, dit Jules, que je sois calme? Je t'ai dit que j'étais amoureux!

— Amoureux de sang-froid, comme toujours. Et amoureux de la vertu, c'est-à-dire point jaloux, faute de motifs!

— Qui donc est jaloux ici? Toi, peut-être! de mademoiselle Léonice!

— Dès que tu rapproches ces deux termes, le nom de cette fille et l'adjectif jaloux, je rentre en moi-même, et j'ai envie de rire. Mais quand je la rencontre au bras de Marsange, j'ai envie de les assommer tous deux.

— Et tu viens de les rencontrer?

— Au Cirque, précisément.

— Et qu'as-tu fait?

— Rien. Je les ai salués d'un air fort sérieux.

— Eh bien! de la part d'un homme aussi bouillant que toi, c'est beau!

— Oui, mais Marsange a été furieux de mon indifférence, et Léonice de mon mépris. Je ne serais pas surpris que Marsange me cherchât querelle un de ces jours, et, pour rien au monde, je ne voudrais avoir une affaire pour une fille dans ces conditions-là. Ce serait trop ridicule, et le jour où je serai ridicule, je crois que je me brûlerai la cervelle.

— En ce cas, il faut quitter Paris pour quelques semaines.

— Précisément, je pars demain matin pour le Nivernais.

— En vérité? Que vas-tu faire dans le Nivernais?

— Ce que depuis six mois je remets de jour en jour : vendre une propriété que j'ai par là à un voisin qui s'appelle Dutertre.

— Ah çà! s'écria vivement Thierray, tu connais donc M. Dutertre ?

— Pourquoi veux-tu que je le connaisse, puisque je ne connais ni le Nivernais, ni ma propriété? Il y a six mois qu'une vieille grand'tante m'a laissé là une maisonnette, un pré, un champ, un bois, quelque chose enfin que mon notaire évalue à cent mille francs. J'ai besoin de ces cent mille francs pour faire remeubler mon château de Touraine; il y a en Nivernais un monsieur Dutertre qui est riche, dit-on, député, je crois... oui, j'ai dû voir sa figure quelque part. Il veut s'arrondir, il paie comptant; je lui vends mon immeuble, et je vais de là en Touraine. Veux-tu venir avec moi? je t'emmène.

— Vraiment, en Nivernais?

— Eh oui! mon cher, cela vaudra beaucoup mieux pour ton instruction et tes plaisirs que d'aller travailler à la perdition d'une provinciale..... Comment disais-tu? d'une provinciale de cœur et d'esprit! Ah! quel style! toi qui écris si bien! Allons! c'est décidé, nous partons à sept heures par le chemin de fer d'Orléans, et nous ne nous arrêtons que sous les vieux chênes du Morvan. Quand je dis chênes, c'est pour dire un arbre quelconque, car je ne sais ce qui pousse dans ce pays-là. Mais on m'a dit que c'était boisé et giboyeux. Nous chasserons, nous lirons, nous philosopherons. A demain, n'est-ce pas? Tu me sacrifies ta provinciale?

— A demain, répondit Thierray. Attends seulement trois minutes, et tu emporteras le billet que je vais écrire, pour le jeter dans la première boîte qui se trouvera sur ton chemin.

Et Thierray se mit à écrire en prononçant tout haut :

« Monsieur,

« Je ne puis avoir l'honneur de vous accompagner demain. Il faut que je me prive du plaisir de faire avec vous le voyage. Un de mes amis m'emmène de son côté, mais nous serons rendus au but les premiers. Cet ami est votre voisin, le comte Flavien de Saulges, qui se propose de vous voir pour des intérêts communs.

« Agréez, Monsieur, etc., etc.

« J. Thierray. »

— A qui me présentes-tu ainsi ? dit Flavien avec nonchalance.

Thierray mit l'adresse et lui présenta la lettre.

— *A Monsieur Dutertre, membre de la chambre des députés,* dit Flavien en riant :

le mari ! mon acquéreur ! l'homme de tantôt, par conséquent?

— Lui-même. Et qu'on dise que le hasard est aveugle ! Il était écrit deux fois au livre du destin que je partirais demain pour le Nivernais, et que j'irais soupirer pour madame Dutertre. Or, j'aime beaucoup mieux faire la route avec toi qu'avec le mari, rien ne me gêne comme un mari sans méfiance. Celui-là part à sept heures du soir, nous partons à sept heures du matin. Nous serons censés avoir eu des raisons pour ne pas l'attendre douze heures, ce qui eût été plus poli, j'en conviens, mais infiniment moins agréable.

— Il nous eût beaucoup gênés, dit tranquillement Flavien, pour parler en route de sa femme, car tu m'en parleras, je prévois cela ?

— Il ne te sera pas possible de t'y soustraire, et c'est pourquoi je t'engage à bien dormir cette nuit.

Le lendemain ils roulaient sur la route de Nevers et Thierray parlait ainsi à son compagnon :

— C'est une femme de vingt à vingt-cinq ans, d'une beauté particulière, pénétrante, un peu bizarre, comme je les aime, en un mot. Des cheveux noirs abondants, lustrés, ondés naturellement, le teint blanc uni, si pâle que c'est un peu effrayant. Une manière d'être, de s'habiller, de parler, qui, à force de vouloir ressembler à celles de tout le monde, ne ressemble à celles de personne. Une taille moyenne, souple, charmante, le pied, la main, les dents, les oreilles... autant de perfections, mais par-dessus tout un air de mystère qui donne à penser un an à chaque mot qu'elle dit, ou plutôt qu'elle ne dit pas. Comprends-tu?

— Pas une syllabe, répondit Flavien.

Dieu! que les lettres t'ont gâté, mon pauvre Jules! Tu composes tant que tu ne peins plus du tout. Il est impossible de voir à travers ta fantaisie quelque chose qui puisse exister. Moi, je me méfie de ta femme de province. Je la vois mal mise, pas très propre, guindée et bête à faire peur, sous un air profond. Je t'en demande pardon, mais c'est ta faute, voilà l'impression que me cause ton portrait.

— Madame Dutertre n'est pas une provinciale, mais une étrangère, née et élevée à Rome, fille d'un artiste distingué, femme du monde dans ses manières.

— Ma foi! je ne l'ai jamais vue, ou je ne m'en souviens pas. Comment s'appelait-elle avant de porter le beau nom de Dutertre?

— Olympe Marsiniani.

— C'est une Italienne?

— De pure race et sans accent.

— Je connais le nom de son père, un peintre, n'est-ce pas?

— Non, un compositeur, un *maestro*.

— Il est mort, je crois?

— Depuis longtemps.

— Et la dame était artiste? C'est un mariage d'amour qu'a prétendu faire le Dutertre ?

— J'ignore si Dutertre a voulu faire un mariage d'amour ou de convenance. Ce qu'il y a de certain à mes yeux, c'est qu'elle n'a jamais eu d'amour pour son mari.

— Depuis qu'elle en a pour toi?

— Pour moi? Si elle en avait, crois-tu donc que je serais en route pour la rejoindre?

— Tu ne l'aurais pas quittée !

— Ou je l'aurais quittée déjà ! le problème serait résolu...

— Ah ! c'est ainsi que tu aimes la vertu pour elle-même ? Bien, bien, je te retrouve ! amour de tête, attrait de curiosité, profond dégoût des choses réelles : tu vois que je te connais !

Thierray sourit. Flavien se trompait sur son compte. Il était un peu blasé, mais non corrompu, et il posait souvent le scepticisme devant certains hommes, dans la crainte de leur paraître ridicule en s'avouant naif.

— Parlons de Dutertre, reprit Flavien ; il va être mon acquéreur, notre débiteur à tous deux, puisque tu prétends à sa femme et moi à son argent. Quel homme est-ce ? Un député *honorable ?* Ils sont tous honorables... Un riche propriétaire, plusieurs millions... Ancien industriel, aujourd'hui adonné à l'agriculture ; membre du conseil général de son endroit, maire de sa commune et marguillier de sa fabrique, bon époux, bon père... Avec tout cela, est-ce un honnête homme ?

— Un très honnête homme, et même un homme d'esprit.

— Et de cœur, comme sa femme?

— Et de cœur. J'en réponds, bien que je ne le connaisse que depuis peu de temps.

— Et sa femme, depuis quand?

— Sa femme? dit Thierray en comptant sur ses doigts avec enjouement, en tout, je l'ai vue trois fois : quant au mari, nous nous étions rencontrés chez un ami commun, je lui ai plu ; il m'a plu aussi, tant que je n'ai pas vu sa femme. Il m'a présenté à elle, et dès lors j'ai subi et supporté les avances du mari, sans avoir cependant le droit de me moquer de lui, car je te répète, et très sérieusement, qu'il a les manières et la réputation d'un galant homme. Pourquoi diable est-il le mari d'Olympe ? Ce n'est pas ma faute, à moi, si elle m'a frappé l'imagination dès le premier abord. Figure-toi une femme pâle, d'une couleur superbe, une attitude austère et voluptueuse, des manières accueillantes et glacées, un sourire plein de charme et de dédain, tout ce qui attire et repousse, tout ce qui excite, tout ce qui effraie, tout ce qui provoque, tout ce qui rebute, une énigme vivante ! Est-ce que cela est vulgaire et facile à rencontrer ! Il y a dix ans que je cherchais ce type. Je le tiens, je m'en empare, je décrète que je vaincrai le sphynx ; je cultive le mari, je m'en fais adorer ; je promets d'aller chasser avec lui en Nivernais au temps des vacances de la chambre. Sa femme, qui n'était venue que pour quinze jours à Paris, et qui disait avoir hâte de retourner auprès de ses enfants, part en me jetant un regard étrange, et en me disant qu'elle compte sur moi pour le mois de septembre. Elle disparaît, je brûle, je rêve, je m'agite, je me calme, je me distrais, j'oublie. Les vacances arrivent, et, dès hier soir, la réalité du mari m'apparait à la lueur des lustres du Cirque, le spectre pâle d'Olympe marchait à ses côtés, visible pour moi seul. La fatalité s'en mêlait, puisque, si Dutertre ne m'eût conduit vers elle, tu m'y entraînais. Et me voilà. Y es-tu, enfin ?

— Parfaitement, répondit Flavien : la femme pâle et colorée, agaçante et farouche, voluptueuse et modeste, c'est bien cela, c'est très clair à présent, et j'y suis tout à fait. Tu parles souvent comme un fou, mon cher, et cependant tu agis toujours fort sagement. Tu t'enflammes comme un artiste, et tu raisonnes tes caprices en homme positif. Tu entreprends tout avec feu, tu résous tout avec froideur. Voilà ce qui te fait faire tant d'antithèses et dire tant de paradoxes. Tu vois que je t'observe aussi, moi, et que si je ne te comprends pas toujours, je te connais assez bien.

— Eh! eh! ce n'est pas mal pour un homme qui n'en fait pas son état, répondit Thierray en riant.

— Mais je suis fatigué d'un tel effort, reprit Flavien, et j'aimerais mieux courir la chasse dans un fourré, de l'aube à la nuit, que de hasarder trois pas dans le labyrinthe tortueux d'une cervelle de poète. Bonsoir, je prétends dormir jusqu'à Nevers.

Thierray fit quelques vers, ébaucha mentalement une scène de comédie, et finit par dormir comme un simple mortel.

II

II

Le modeste manoir légué par la chanoinesse de Saulges à son neveu Flavien était à la fois pittoresque et confortable, et, bien que le nouveau maître ne s'y fût pas annoncé, deux vieux serviteurs, mâle et femelle, religieusement unis par les liens du mariage, y avaient entretenu tant d'ordre et de propreté, que l'installation fut faite et le premier repas présentable en moins d'une heure. Après quoi Flavien fit lestement le tour de ses domaines, qui n'étaient pas considérables, mais productifs en beaux arbres, en bonnes herbes et en bestiaux bien nourris. Le vieux domestique, à moitié régisseur, se fit un devoir de l'accompagner et de lui vanter les magnificences de la propriété. Thierray marchait derrière eux dans les sentiers du bois, escorté, malgré lui, de la vieille Manette, qui était encore ingambe des pieds et de la langue. La voyant si bien disposée à causer, il ne se retint guère de la questionner sur le compte des voisins, et particulièrement de la maison Dutertre.

— Oh! ce sont des bourgeois bien riches, dit la vieille. On dit qu'ils ne savent pas le compte de leurs écus. Pour de petites gens qu'ils sont par la naissance, il sont assez bien élevés et très honorables. Madame la chanoinesse ne répugnait pas à les voir. Ils font du bien, et la dame est si comme il faut, qu'on ne la prendrait jamais pour ce qu'elle est. On assure cependant que son père faisait métier de musicien.

— Ah çà! ma bonne dame, dit Thierray, est-ce que vous êtes chanoinesse aussi, que vous parlez si dédaigneusement des artistes?

— Moi, monsieur? dit la vieille sans se déconcerter, je suis une femme de rien, comme vous voyez; mais je n'ai jamais servi que des personnes bien nées, et j'ai passé vingt ans au château.

— Quel château? demanda Flavien en se retournant.

— Le vôtre, monsieur le comte, repartit Gervais, le mari de la vieille. Votre château de Mont-Revêche.

— Ah oui! Mont-Revêche! pardon! J'avais oublié le nom de ma nouvelle seigneurie. Je n'ai jamais pu me le rappeler en route. Il n'est pas très doux. Il est comme vos chemins. Ah çà! c'est donc un château, cela? ajouta-t-il en étendant le bras vers ce qu'il appelait son pigeonnier.

— C'est comme monsieur le comte voudra, dit la vieille un peu scandalisée, mais les gens du pays ont l'habitude de l'appeler comme cela, et ce n'est point par dérision. Tout petit qu'il est, il a sa tour, son pont, son fossé, et il a l'air tout aussi château que la grande bâtisse du Puy-Verdon.

— Qu'est-ce que Puy-Verdon? demanda Flavien.

— C'est le château qu'ont acheté les Dutertre, à une lieue d'ici. C'est riche, c'est vaste; mais à quoi eût servi une habitation si étendue à madame la chanoinesse? Comme disait madame, quand on n'a pas d'enfants, on a toujours assez de logement.

— Parlez-nous des enfants de ces Dutertre, dit Flavien en regardant Thierray. Ils en ont donc plusieurs?

— Ils en ont assez pour les faire enrager, dit Manette, et des filles surtout! Moi, si j'avais eu des enfants, je n'aurais souhaité que des garçons.

— Une femme qui a déjà eu beaucoup d'enfants... dit Flavien en se rapprochant de Thierray, cela n'a rien de poétique, et je ne vois pas ta beauté fantastique et mystérieuse au milieu d'une bande de marmots. Combien d'enfants ont-ils donc, ces Dutertre? ajouta-t-il en interpellant ses vieux serviteurs à haute voix.

— Oh! mon Dieu! il n'y en a déjà pas tant, répondit Gervais. Ma femme exagère toujours! Il n'y en a que trois ; et puis, ce ne sont pas des enfants. Ce sont trois demoiselles, dont l'aînée a bien une vingtaine d'années, et la plus jeune seize ans, tout au moins.

Thierray devint pâle et ne put articuler un mot. Flavien devint rouge, tant il se contint pour ne pas éclater de rire. Mais en voyant le trouble et la consternation de son ami, il eut la générosité de reprendre le chemin de ce qu'il plaisait à ses gens d'appeler le château, et de changer le sujet de la conversation.

— Eh bien ! dit-il à Thierray, dès qu'ils se virent seuls, pourquoi cet abattement, ce morne désespoir ? Aurais-tu été dupe des trente-huit ou quarante ans de madame Dutertre, au point de tomber du ciel en terre ? Conviens, Jules, que tu t'es moqué de moi en venant ici, et que c'est pour une des demoiselles Dutertre, riche de quelque petit million, que tu as le positivisme de faire des stances amoureuses ?

— Impossible, mon ami, impossible ! s'écria Thierray, Olympe Dutertre peut cacher cinq ou six ans, comme toutes les femmes qui le veulent. Elle peut avoir trente ans, qui sait? trente-deux! sa fille aînée peut en avoir quatorze..... mais vingt! mais moi me tromper de quinze ou vingt ans à la figure d'une femme! impossible : ta vieille servante radote, elle exagère tout!

— Ce n'était pas elle qui parlait, c'était Gervais!

— Il est en enfance!

— Dis-moi, Thierray, dit gravement Flavien, as-tu vu ton Olympe au jour, ou aux lumières?

— Toujours le soir, aux lumières, je l'avoue, dit Thierray d'un air sombre : puis, partant d'un grand éclat de rire qui permit enfin à Flavien d'éclater aussi, il se livra pendant quelques minutes à une hilarité trop bruyante pour n'être pas un peu forcée.

Ce fut Flavien qui cessa le premier de rire et qui fit cette remarque fort sensée, où Thierray vit cependant une consolation brutale :

— Eh bien ! quand cela serait ! quand elle aurait quarante ans ! Une femme n'a que l'âge qu'elle paraît avoir. Tu en as trente-deux ou trente-trois. Pourquoi ne serais-tu pas épris d'une femme née sept ou huit ans avant toi ? Est-ce que les beautés célèbres dans le monde et dans les arts ne font pas des conquêtes dans un âge plus avancé ? Va, mon cher ami, ce dédain pour les beautés mûres est de la mauvaise honte. A ta place je n'en rougirais pas, car on aime ces femmes-là de passion quand on peut les aimer. Elles ont un prestige comme les reines, comme les grandes actrices.....

— Oui, comme les belles ruines et les vieux tableaux, reprit Thierray d'un ton caustique ; grand merci ! Je ne suis plus un enfant pour m'attacher par habitude de cœur à la première femme qui nous rappelle les soins et les gâteries de notre mère ; je ne suis pas de l'humeur d'un parvenu pour me laisser éblouir par le luxe et pour mettre du velours et de la dentelle à la place de la saine et bonne réalité de mes désirs. Arrière les fausses dents et les cheveux teints! mon Olympe est une grand'mère, voilà tout, et c'est comme une grand'mère que je prétends l'aimer, car, après tout, ce n'est pas sa faute si je suis un peu myope.

— Et puis, tu as une consolation ; si tu n'as pas trouvé ton type d'antithèses mystérieuses, tu as rencontré en elle un problème que l'analyse philosophique résoudra mieux que l'amour. C'est une belle femme bien conservée, elle se défend de son mieux contre les ravages du temps. Donc c'est une savante. Reste à savoir pourquoi cette science. Est-ce une vertu pour plaire à son mari? Est-ce un piège pour attirer les galants? Tu pourras disserter là-dessus à loisir.

— Je ne m'intéresse pas aux vieux problèmes, répondit Thierray, et pour la punir de m'avoir mystifié, je veux, sous son nez, être féru d'amour pour la plus jolie ou la moins laide de ses filles.

Allons faire notre visite d'arrivée. Je dois cet empressement au bonhomme Dutertre. Bon mari! cher mari! il ne me trompait pas, lui, quand il me disait : Je veux vous présenter à ma femme!

— Faisons un peu de toilette et partons, dit Flavien. Je t'avoue que d'après les nymphes et les sylvains que j'ai vus errer par ici, ces bois me semblent peuplés de jeunes monstres des deux sexes, et que je serais tenté de conclure vite mon marché, afin d'aller voir en Touraine si les belles Anglaises galoppent toujours sur des chevaux de sang, « en livrant à la brise, comme tu dirais, les plis de leurs voiles d'azur et les anneaux de leurs blonds cheveux. »

L'embarras fut d'avoir un véhicule pour se transporter à Puy-Verdon.

Le vieux Gervais, qui avait signalé l'existence de l'équipage de madame la chanoinesse, eut une terrible mortification à essuyer, lorsque les deux jeunes gens accueillirent de huées et de sarcasme l'apparition de la patache et du vieux cheval que le bonhomme leur présentait d'un air de complaisance. Pourtant il fallut bien s'en accommoder : il pleuvait, et il était impossible d'arriver à pied chez les dames de Puy-Verdon sans être mouillé et crotté. Il fut convenu que Gervais conduirait, que les voyageurs se tiendraient au fond de la patache sans se montrer, qu'on s'arrêterait sous bois à une petite distance de la résidence de Dutertre et qu'on ferait l'entrée à pied par les jardins, sans exhiber aux regards moqueurs des jeunes personnes du château l'absurde berlingot de la douairière. Mais, chemin faisant, on changea d'avis.

— Nous sommes bien sots, dit Thierray. La patache de la chanoinesse est connue au château. Les yeux y sont faits, et, pour tout le monde, il est bien évident que nous n'avons pu venir de Paris en tilbury ni à cheval. Il y aura bien plus de honte à laisser deviner notre honte qu'à l'abjurer résolument. Si tu m'en crois, nous ferons notre entrée triomphale au trot de ce respectable cheval blanc, dans la cour d'honneur du château. Cette vieille relique du manoir de ta tante sera une allusion aux charmes surannés de madame Dutertre.

— Accordé, répondit Flavien, d'autant mieux qu'il pleut à verse.

Mais ils n'eurent pas besoin de ce déploiement de courage philosophique. A une demi-lieue du château, ils furent rejoints par une calèche de poste qui les héla et s'arrêta devant eux après les avoir dépassés. M. Dutertre en sortit à demi en leur criant :

— Venez, messieurs, venez. J'ai reconnu Gervais, et je vois que vous me tenez parole en me devançant sur la route. Je suis pressé d'embrasser ma chère famille, et pourtant je vous tiens et ne veux pas me séparer de vous. Ces chevaux de poste vont plus vite que le brave César, un bon animal pourtant, qui a encore de l'ardeur à vingt-trois ans. Vous voyez, je le connais, et il n'y a pas moyen de passer *incognito* sur mon chemin. Venez, venez vite dans ma voiture : Gervais suivra, et j'aurai le double plaisir d'être avec vous et d'arriver promptement.

— Cela est de fort mauvais goût, dit Flavien bas à Thierray, d'arriver pour être le témoin inopportun des embrassades de la famille.

— Au contraire, répondit Thierray, cette indiscrétion est, selon moi, de fort bon goût. Dépêchons, le jour va baisser, et je voudrais bien voir mon Olympe avant que les bougies fussent allumées.

M. Dutertre insistait. Le transvasement du contenu de la patache dans la calèche fut fait rapidement, le postillon fit claquer son fouet, et, au bout de quelques minutes, on descendit au perron de Puy-Verdon, sans avoir attiré l'attention des châtelaines, car M. Dutertre n'avait pas annoncé le jour de son arrivée, et la pluie claquemurait probablement les dames au salon qui donnait sur les jardins, à l'autre face du château.

Ce court trajet dans la calèche avait suffi pour mettre complètement à l'aise les trois personnes dont deux se trouvaient pour la première fois en présence l'une de l'autre, et déjà la vente de Mont-Revêche était une affaire arrangée. Dutertre avait été au devant des explications de Flavien sur le but de son voyage.

— Je sais que vous venez ici avec l'intention de vendre, lui avait-il dit ; moi, j'ai le désir d'acheter. Vous me direz ce que vous évaluez votre propriété. Votre prix sera le mien, à moins que vous ne vous trompiez en l'estimant moins qu'elle ne vaut. Je passe pour un honnête homme, et je crois que c'est la vérité.

— Monsieur, avait répondu Flavien,

j'aime beaucoup votre manière de procéder. Puisque vous avez tant d'obligeance, je vous enverrai demain ma procuration avec pouvoirs illimités pour vendre à M. Dutertre au prix que vous voudrez bien fixer.

Ils se donnèrent la main en riant, et dès ce moment, ils furent amis. La rondeur de caractère de Dutertre était accompagnée d'une telle distinction de manières, de physionomie et d'accent, qu'elle était irrésistible, et que la personnalité la plus jalouse de ses propres avantages n'eût trouvé chez cet homme aucun côté par où il fût possible d'accrocher une rivalité, une méfiance, un mécontentement.

Thierray lui-même, qui, tout en le proclamant honorable, avait, sans dessein arrêté, parlé légèrement de sa femme, recommençait à le respecter involontairement, surtout en se rappelant les quarante ans de la belle Olympe.

Au moment où ces trois personnes descendaient de la voiture, trois autres, montées sur de beaux chevaux couverts de sueur, de pluie et d'écume, entraient dans la cour et sautaient légèrement à terre.

La première en tête était une grande fille blonde dont les traits animés et un peu gonflés par l'air et le mouvement d'une course rapide avaient déjà perdu la première fleur de l'adolescence. Elle ressemblait à M. Dutertre, c'est dire qu'elle était parfaitement belle. Sa taille était d'une grande élégance dans sa ténuité un peu diaphane. L'air ferme de son visage et la certitude de ses mouvements souples, annonçaient pourtant une grande vigueur physique ou une grande résolution dans le caractère. La seconde personne était un jeune homme pâle, aux cheveux bruns, à l'œil doux, mélancolique et fin. Il était impossible de voir une plus charmante figure, un extérieur plus simple et plus gracieux, un sourire plus attachant, malgré et peut-être à cause d'une expression de tristesse pour ainsi dire chronique.

Le troisième cavalier était un groom robuste et trapu de la meilleure espèce, qui emmena les chevaux haletans à l'écurie.

— Ah ! s'écria M. Dutertre en redescendant les deux marches du perron qu'il avait déjà montées, et en courant vers la belle amazone qui s'élançait vers lui, c'est mon Eveline ! ma seconde fille! dit-il en regardant ses deux hôtes avec un mouvement d'orgueil involontaire, et il la pressa contre son cœur avec émotion.

Quoi! toute mouillée! ajouta-t-il d'un ton de doux reproche ; dehors, à cheval, par un temps pareil! toujours l'enfant terrible !

— Dites intrépide, au moins, mon père, ne fût-ce que pour ne pas encourager Amédée dans son rôle de sermonneur.

— Te voilà, mon enfant! dit M. Dutertre en ouvrant ses bras au jeune homme qui l'entoura aussitôt des siens avec effusion.

— C'est monsieur votre fils? dit Thierray avec une expression de suprême ironie qui ne fut comprise que de Flavien.

— Non, dit Dutertre, mais c'est tout comme? c'est mon neveu, Amédée Dutertre, que je vous présente, et réciproquement.

Les jeunes gens se saluèrent. M. Dutertre arrêta sa fille Eveline qui déjà grimpait vivement le perron en relevant avec adresse sa longue jupe de drap chargée de sable mouillé.

— N'avertis pas les autres, dit-il, attends-moi, tu sais que j'aime à surprendre mon monde.

— Tu vois bien que sa femme est une respectable matrone, dit Thierray bas à Flavien, autrement, un homme d'esprit comme il l'est ne dirait pas de ces choses-là où ne les ferait pas.

— Il n'y a plus moyen d'en douter! répondit Flavien avec un soupir de comique résignation, en montant le perron avec lui et en lui montrant Eveline qui gagnait devant, avec son père. Cette amazone déterminée a perdu toutes ses dents de lait, et encore n'est-elle que la seconde progéniture.

— Si les trois filles valent celle-ci, il y aura moyen d'oublier la mésaventure, répliqua Thierray sur le même ton; mais je crains que l'aînée ne soit en train de perdre ses dents de sagesse.

Comme il disait ces mots, l'aînée parut à l'entrée d'une belle galerie qui formait vestibule au château, comme dans plusieurs manoirs de la Renaissance. Celle-là, en vérité, avait bien les vingt ans annoncés, mais pas davantage. Elle était belle aussi, plus belle même que sa sœur, brune, svelte, et d'un teint plus reposé; mais je ne sais quoi de grave et de compassé la rendait moins agréable dès le premier abord. Elle ne montra aucune surprise, ne poussa aucune exclamation en voyant son père, l'embrassa avec plus de déférence que d'élan, et prononça ces mots qui furent le dernier coup de massue pour Thierray, bien qu'il ne comprit pas l'espèce d'affectation avec laquelle ils étaient articulés : « *Ma mère va être bien contente!* »

— La mère d'une fille qui est peut-être majeure ! pensa-t-il. Allons ! je me moquerai si bien de moi-même, que Flavien n'aura pas assez d'esprit pour renchérir sur la mystification que je subis.

— J'ai entendu les grelots de la poste, disait tranquillement Nathalie, l'aînée des demoiselles Dutertre, à son père, en traversant avec lui et ses hôtes les vastes et riches appartements du rez-de-chaussée. J'ai deviné que vous veniez nous surprendre.

— Et moi, disait Eveline, du haut de

la montagne j'ai vu arriver la voiture. J'ai fait la descente au grand galop afin d'arriver aussitôt que mon père.

— Est-ce pour m'embrasser plus tôt ou pour tenir un pari avec Amédée, que tu as risqué de te casser le cou? dit le père avec un mélange de raillerie, de tendresse et de mécontentement.

— Oh! voilà le commencement des injustices dont je suis la victime, s'écria la jeune fille en riant. Mon père peut-il me faire une pareille question?

—Allons! allons! Eveline, dit le jeune

cousin, il y avait de l'un et de l'autre dans votre fait, encore que j'eusse refusé de tenir un pari si dangereux pour vous.

— Chut ! voici l'entrée du sanctuaire, dit Nathalie d'un ton étrange. C'est ici que réside la perfection, et que mon père ne trouvera rien à blâmer.

En parlant ainsi elle tira une vaste portière, et le petit salon de compagnie où se tenait madame Dutertre, quand elle était seule chez elle, s'offrit aux regards émus du père de famille et aux regards rapidement scrutateurs des deux étrangers qui l'accompagnaient.

Mais ce coup d'œil fut une complète déception pour Thierray. Le salon, assombri par l'approche de la nuit et déjà obscur par lui-même, grâce à ses tentures de cuir doré et à son ameublement de velours violet, n'était éclairé que par le reflet d'un vague crépuscule et par un feu de javelle déjà à demi épuisé dans l'âtre. Deux femmes qui semblaient causer intimement, assises tout près l'une de l'autre devant cette cheminée, se levèrent et accoururent avec des exclamations plus pénétrantes que celles qui avaient précédemment accueilli le chef de la famille. C'était Olympe, la femme de M. Dutertre, et Caroline la plus jeune de ses filles. Malgré le peu de clarté qui régnait dans l'appartement, Thierray saisit cependant les détails de cette scène d'intérieur avec une attention qui suppléa à la faiblesse de sa vue. Madame Dutertre, au moment d'embrasser son mari qui venait à elle, recula d'un pas, et poussa la jeune Caroline dans ses bras, comme résolue à lui céder la bénédiction de cette première caresse.

— Oh! oh! pensa Thierray, *épouse coupable!* cela est certain.

Puis, après que la mère et la fille eurent embrassé Dutertre sans fracas, mais avec beaucoup de sensibilité, la jeune Caroline porta ardemment à ses lèvres la main de son père, et, comme une enfant naïve et charmante qu'elle était, pendant qu'on s'approchait du feu, elle passa cette main à Olympe qui, à la dérobée, y colla aussi ses lèvres un instant. Dutertre tressaillit, voulut encore embrasser sa femme, qui fit un léger mouvement en arrière, et poussa de nouveau Caroline dans ses bras.

— Épouse *très coupable!* pensa encore Thierray, qui, placé tout près d'eux en arrière, ne perdait pas un des mouvements d'Olympe. Quel passé d'infidélités, bon Dieu! pour qu'une mère de famille recule ainsi humblement devant le pardon de l'oubli ou de l'habitude!

Je suis fixé! dit-il en se rapprochant de Flavien, pendant que la causerie de famille s'établissait vive et pressée, après la présentation des deux hôtes.

— Tu es fixé, repartit Flavien, sur l'âge!

— Oh! l'âge n'y fait rien; c'est une grande pécheresse.

— Ah! déjà? dit Flavien en faisant allusion au peu de temps qu'il avait fallu à Thierray pour établir apparemment une connivence suspecte avec la châtelaine.

— C'est *encore*, que tu veux dire ? répondit Thierray faisant allusion à l'âge mûr de la dame, et ne comprenant rien à l'exclamation de son ami.

Au milieu de la joie de se revoir et de l'affabilité du bon ton avec laquelle on accueillait les deux étrangers, on oublia de sonner pour demander de la lumière. Pourtant le calme se fit ; l'amazone mouillée, pressée par ses parents d'aller changer, se retira. Nathalie, très silencieuse et très indifférente en apparence, ne fixa pas l'attention. Caroline, assise dans la poche de son père et son bras passé sous le sien, comme si elle eût craint qu'on ne le lui enlevât, parut écouter ses moindres paroles avec admiration. Madame Dutertre parlant peu, mais bien, répondant et questionnant juste, montrant le calme et l'aisance d'une femme de la meilleure compagnie, chatouilla encore de temps en temps l'oreille musicale de Thierray par un son de voix aussi frais et aussi pur que celui d'une jeune fille. M. Dutertre causa agréablement et solidement avec les trois hommes, sans oublier de se tourner souvent vers sa femme, comme pour la consulter ou la prendre à témoin, avec ce suprême bon goût de déférence qui vient du cœur encore plus que de l'éducation.

« Voilà un homme bien fort, pensait Thierray en l'observant. Qui croirait à l'épouse coupable, d'après cette manière d'être si parfaite, si je n'avais vu le baiser sur la main !... »

Dutertre devint l'objet de son admiration, et le type qu'il se promit d'étudier. Quant à Olympe, les lueurs blafardes que le feu mourant envoyait à son visage pâle ne dessinaient qu'un ovale pur et des cheveux en apparence très-noirs, et

Thierray, en retrouvant le vague ensemble de la beauté qui l'avait charmé, se demandait s'il avait rêvé ou s'il rêvait encore.

En ce moment, M. Dutertre sonna pour demander de la lumière, et Flavien, profitant de ce dérangement, prit congé pour se retirer.

Thierray le suivit, et, dans l'antichambre, ils rencontrèrent les valets qui apportaient les candélabres allumés.

— Il est bien temps ! dit Thierray en riant.

III

III

— Mais avoue, dit-il à Flavien, qui se mit à rire encore plus fort que lui, dès qu'ils furent installés dans la patache héréditaire, avoue qu'on peut s'y tromper quand on ne voit pas très bien, et que cette femme a un air de jeunesse.....

Flavien riait toujours.

Thierray en fut piqué, et, pour se tenir parole à lui-même, il tourna si bien sa myopie en ridicule, que la gaîté de son ami en devint convulsive. Mais, s'arrêtant tout à coup :

— Je gage, dit Flavien, que tu ne sais pas de quoi je ris ?

Cette interpellation soudaine étourdit Thierray.

— Je ris, reprit Flavien, de l'impressionnabilité des poètes. Ils regardent tout sans rien voir d'abord, et puis, quand ils voient, ils ne regardent plus. Tu as examiné, analysé, disséqué la jeunesse et la beauté d'une femme, mais tu ne l'as pas seulement aperçue telle qu'elle est, puisque sur un mot jeté au hasard par Gervais, ce matin, tu n'as pas été sûr qu'elle n'eût pas cinquante ans. Ton souvenir, qui s'intitulait passion, ne t'a présenté aucune certitude pour combattre une méprise bien simple. Tout à l'heure, tu as revu cette femme, et tu pouvais t'en rendre compte aussi bien que moi, car tu t'es approché d'elle presque ridiculement, et la clarté était suffisante. Cependant, persuadé qu'elle était vieille, tu n'as pas daigné t'apercevoir qu'elle est jeune, et tu la tiens maintenant pour une matrone, tandis que moi, qui ne suis ni amoureux ni poète, j'ai enfin la clef du mystère : tu vas voir si je me suis trompé.

Alors, élevant la voix :

— Gervais, dit-il au vieux serviteur qui dirigeait *César* d'une main encore ferme à travers les ornières sablonneuses : M. Dutertre a donc eu une première femme?

— Mais, oui, monsieur le comte, répondit sans hésiter Gervais ; c'était la mère des enfants qu'il a.

— Et sa seconde femme? quel âge a-t-elle?

— Oh! je peux bien vous le dire, car je me suis trouvé à la messe comme on publiait ses bans au prône. Madame Olympe doit avoir aujourd'hui... attendez donc!... pas tout à fait vingt-quatre ans, monsieur le comte! car elle en avait vingt quand M. Dutertre l'a épousée en Italie.

—Vingt-quatre ans! s'écria Thierray,

madame Dutertre a vingt-quatre ans, et ce vieux fou ne le disait pas !

— Ma foi ! monsieur, répondit Gervais, qui entendit l'apostrophe un peu trop retentissante de Thierray, si vous aviez pensé à me le demander, j'aurais pensé à vous le dire.

— Voilà ta condamnation ! dit Flavien à son ami, c'est de n'avoir pas songé à t'en convaincre, c'est de n'avoir eu dans la mémoire de ton amour aucune défense contre une pauvre méprise de comédie. Permets-moi de te dire, mon cher ami, que tu vois les femmes avec des yeux de séminariste, c'est-à-dire à travers des hallucinations maladives. Allons ! tu es plus jeune que tu en as l'air, et moins roué que tu en as la prétention !

— Flavien, dit Thierray, si tu me parles encore d'Olympe, je vais te parler de Léonice !

— Oh ! comme tu voudras, répondit Flavien. Cela ne me touche plus, car j'ai envie de devenir amoureux d'Olympe, du moment que tu ne l'es pas.

— Qu'en sais-tu ?

— Tu ne l'as jamais été !

— C'est possible, mais je te prie de n'en pas devenir amoureux. Elle pose devant moi ; ne dérange pas mon modèle.

— A la bonne heure ! parle ainsi et je te comprendrai. Tu joues avec les femmes un jeu où un autre se brûlerait, mais où tu ne brûleras que les parfums de la poésie dans une cassolette de vélin dorée sur tranche.

— N'importe, dit Thierray, nous voici arrivés. J'ai sommeil et je passerai une meilleure nuit que je ne l'espérais. J'avais peur de voir apparaître dans mes rêves une *lady of the sake* comme celle de la chambre tapissée de Walter-Scott, tandis que, si l'image de la dame de Puy-Verdon vient à voltiger à mon chevet, je ne m'en plaindrai pas trop.

— En d'autres termes, répondit Flavien en le quittant, tu as une montagne de moins sur ta *poitrine d'homme* et sur ta conscience de rêveur. Dors bien, mon ami, après une journée si cruelle et de si terribles émotions !

Laissons dormir ces deux personnages

qu'il ne nous a pas été possible de quitter plus tôt, et voyons ce qui se passait à pareille heure au château de Puy-Verdon.

M. Dutertre ayant dîné vite et mal en route, avait faim, et la petite Caroline, la fillette de seize ans, que ses sœurs appelaient la *Benjamine à papa*, courait elle-même à la cuisine, et, bourgeoise de cœur et d'instinct, mais bourgeoise dans la bonne et sérieuse acception du vieux mot, elle préparait et servait presque de ses propres petites mains le souper de son père chéri. Ardente de cœur et froide d'imagination, Caroline ne connaissait encore qu'une passion, l'amour filial. Réputée la moins jolie et la moins intelligente du jeune trio d'héritières à marier qui fleurissait à Puy-Verdon, elle était la plus heureuse des trois, parce que seule elle n'avait pas la préoccupation d'être la plus spirituelle et la plus belle. Pourvu que papa et maman fussent contents d'elle, elle s'estimait la première fille du monde. C'est ainsi qu'elle disait, et c'est ainsi qu'elle sentait.

Au milieu du luxe naturel à une maison très riche, les goûts simples, les instincts de ménagère de la Benjamine faisaient un contraste bizarre avec les goûts aristocratiques et les grands airs de celle qu'on appelait la lionne. Celle-là, Eveline, la grande écuyère, venait de descendre au salon, après avoir échangé ses vêtements de drap mouillé contre une toilette d'un goût ravissant. Recoiffée, parfumée, chaussée, c'était une autre femme. Elle le savait, et aimait à se montrer tantôt sous l'aspect d'un garçon pétulant, indifférent aux morsures du hâle et aux fatigues de la chasse, tantôt sous celui d'une femme nonchalante et raffinée, exercée à déployer toutes les séductions d'une coquetterie encore innocente, mais alarmante pour l'avenir.

Elle s'attendait à trouver plus de monde pour apprécier cette toilette miraculeusement rapide. Nathalie, qui était toujours habillée d'une manière grave, non pas tant par goût naturel que par besoin de trancher par une opulente austérité à côté des chiffons plus recherchés et des coiffures plus savantes de sa sœur, en fit aussitôt la remarque tout haut avec cette désobligeance sans pareille des filles hautaines et jalouses. *Ils sont partis*, dit-elle en jetant un regard d'admiration moqueuse sur les blondes tresses qu'Eveline avait semées de fleurs naturelles, et sur sa robe de mousseline blanche, souple et flottante comme un nuage.

— Qui donc est parti? demanda Eveline avec une hypocrisie maladroite. Mais se remettant aussitôt, elle ajouta, sinon avec plus de candeur, du moins avec une grâce pénétrante : Est-ce que notre père n'est pas là? Est-ce une toilette perdue que celle que j'ai faite pour lui?

— Papa a faim, dit Caroline en emmenant son père à table. Il regardera tout à l'heure comme tu es jolie. Mais toi-même il faut manger, petite sœur. Tu as couru à cheval après dîner, et tu vas encore, si tu ne prends tes précautions, nous réveiller cette nuit en nous disant que tu meurs de faim. Allons ! asseyez-vous, je vas vous servir tous les deux. Veux-tu me le permettre, maman ? ajouta-t-elle en donnant un gros baiser sur la belle main d'Olympe qui s'était posée sur son épaule.

— Ceci est grave, répondit madame Dutertre en souriant avec tendresse à l'enfant de son cœur. Il faudrait peut-être demander d'abord la permission au père, et puis à la sœur aînée... et puis à la cadette.

— Moi, je permets tout, ce soir, à tout le monde, dit Dutertre avec gaîté, pourvu qu'on m'aime à qui mieux mieux. J'ai surtout faim et soif d'être aimé après six mois d'exil.

— Tout le monde vous aime, bon père, dit Eveline, mais je permets à votre Benjamine de faire la maîtresse de maison devant vous. Elle s'en acquitte avec grâce, et moi, quand je cesse de remuer et de m'agiter, je ne suis plus bonne à rien. J'aime mieux courir un sanglier que de découper une perdrix.

— Quant à moi, dit Nathalie, je n'entends rien à ces grandes choses de l'intérieur qui s'appellent du nom sublime de pot-au-feu.

Caroline ravie renvoya les domestiques, et s'asseyant auprès de son père, se levant cent fois pour une, elle le servit avec idolâtrie.

— Dites donc, mon père, reprit Nathalie, parlez-nous un peu de ce penseur que vous nous avez présenté aujourd'hui.

— Pourquoi l'appelles-tu *penseur?* dit Dutertre. C'est tout simplement un homme de lettres, car c'est de M. Thierray que tu me parles, je présume?

— Oui, le nommé Thierray, reprit Nathalie avec un dédain superbe. On nous en avait si peu parlé, ajouta-t-elle en regardant Olympe, que nous ne lui supposions pas tant d'importance. Il faut qu'il en ait beaucoup, car il est *grand homme* dans sa manière de prononcer, de s'asseoir, de regarder et de marcher. C'est un penseur de profession, cela se voit à ses habits et jusque dans ses boutons de guêtre.

— Tu es donc toujours méchante, Nathalie? dit M. Dutertre d'un ton où il entrait plus de complaisance que de sévérité.

— Nathalie aime à railler, dit madame Dutertre avec plus de douceur encore, mais je parie qu'elle n'a pas seulement regardé l'homme dont elle parle avec tant d'esprit.

— Il paraît que vous l'avez regardé assez pour pouvoir prendre sa défense, répondit Nathalie d'un ton qui se tenait musicalement à l'unisson de douceur de ses parents, et qui lui permettait d'être amère en ayant l'air d'être enjouée.

M. Dutertre eut un mouvement d'étonnement, il se retourna pour regarder Nathalie, il rencontra ses yeux calmes et fiers, et lui dit, en y plongeant son regard paternel :

— Je regardais à qui tu viens de parler, ma fille. Je croyais que c'était une de tes lutineries habituelles contre tes sœurs.

— Les lutineries de Nathalie ! dit Eveline légèrement, le mot est doux !

Nathalie, qui avait très bien compris la leçon paternelle, ne daigna pas faire attention à celle d'Eveline, et répliqua en s'adressant à M. Dutertre :

— Non, mon père, c'était bien à notre chère Olympe que je parlais.

— Olympe!... reprit Dutertre confondu : et se tournant vers sa femme : Chère amie, dit-il, est-ce que vos filles vous appellent par votre nom de baptême, à présent?

Madame Dutertre voulut répondre pour détourner l'attention que son mari donnait à cette circonstance, Nathalie ne lui en donna pas le temps.

— Non, mon père, dit-elle : la petite fille (elle désignait Caroline) l'appelle toujours sa mère, Eveline dit encore *petite maman* d'un ton enfantin qui lui sied à ravir ; mais moi qui suis une fille majeure...

— Pas encore, dit Dutertre.

— Pardon ! reprit Nathalie, vous m'avez fait émanciper, et mes vingt ans m'autorisent à me regarder comme une vieille fille. Olympe est une jeune femme, plus jeune que moi réellement par ses grâces et sa beauté. Je la respecte comme votre femme, mais le respect n'a pas besoin d'avoir recours à des formes ridicules pour être réel.

— Ah çà! je crois rêver, dit Dutertre; je ne comprends rien à ce nouveau thème! Que s'est-il donc passé ici en mon absence?

— Rien, mon père, répondit Éveline, sinon que Nathalie est devenue beaucoup plus ennuyeuse et un peu plus esprit fort que par le passé.

— Je développerai mon thème, si mon père le veut, reprit Nathalie, toujours sans daigner prendre note des interruptions de sa sœur.

— Voyons! dit Dutertre en regardant

toujours fixement sa fille aînée, tandis que la Benjamine, contrariée des distractions qu'on lui donnait, le tourmentait pour le faire manger machinalement.

— Voilà mon thême : que mon père le juge, reprit Nathalie, et qu'il le condamne s'il est mauvais : ma belle-mère.....

Mais elle fut interrompue par madame Dutertre, qui s'était appuyée sur le dos de sa chaise, et qui se pencha pour lui dire, en lui donnant un baiser sur le front :

— Chère Nathalie, appelez-moi plutôt Olympe, si vous voulez me retirer le doux nom de mère, que de m'en donner un si solennel et si froid.

— Cependant, ma chère madame..., dit Nathalie.

Olympe, douloureusement blessée de cette nouvelle marque d'antipathie, porta involontairement la main sur son cœur. M. Dutertre eut un tressaillement nerveux, et son front uni et pur comme le siége de la sérénité, se plissa légèrement.

— Qu'est-ce donc, cher papa? s'écria

la Benjamine en lui saisissant le bras. Est-ce que vous vous êtes coupé? Et elle lui ôta des mains le fruit qu'il tenait, pour le couper elle-même.

— Non, chère petite, ce n'est rien, dit le père de famille; et, résolu de juger par lui-même au plus tôt la situation de son intérieur, il reprit en s'adressant à Nathalie :

— Continue, ma fille! tu disais...

— Je disais, reprit Nathalie avec le même calme qu'auparavant, que traiter de *maman* une si jeune mère, serait parfaitement déplacé à l'âge que nous avons l'une et l'autre. Voulez-vous m'imposer un ridicule! Ce que je hais le plus au monde, c'est de faire l'innocente de quinze ans, quand j'en ai vingt par le fait, et quarante par le caractère. Il me semble aussi que j'aurais l'air d'une jalouse qui veut vieillir Olympe...

— Sont-ce là toutes les graves raisons que tu as mûries pendant mon absence? dit M. Dutertre, qui savait lutter de sang-froid avec Nathalie, quand besoin était.

— *Jusqu'à présent*, dit Nathalie d'un air

tranquille et pourtant menaçant, je n'en ai pas d'autres. Mais elles ont leur poids. Vous ne voudriez pas me contraindre à une mise, à un langage qui ne me siéraient pas et me rendraient insupportable à moi-même. Vous êtes le père le plus aimable et le plus sage de la création ; vous ne nous avez jamais assujetties ni blessées en quoi que ce soit. Il doit vous être indifférent, à vous qui vous occupez des graves intérêts de la société, que, dans un intérieur que vous n'habitez pas assiduement, on attache quelque importance à des détails d'étiquette domestique, lorsqu'ils ne troublent en rien la paix de la famille.

— La paix de la famille, c'est qnelque chose, sans doute; mais ce n'est pas tout, répondit Dutertre. Il y a quelque chose de plus doux, l'union; quelque chose de plus grand et de plus beau, l'amour. *Aimez-vous les uns les autres,* c'est la suprême loi sans laquelle les familles comme les sociétés périssent.

— Oh! mon papa, tu as raison! s'écria Caroline. Mais, sois tranquille, va! nous nous aimons ici! moi, d'abord, j'aime tout le monde, toi le premier; et puis petite mère, qui est bonne comme toi, et puis mesdemoiselles mes sœurs qui sont très gentilles, quoiqu'un peu braques,... et puis toi aussi, va, quoique tu sois un taquin de premier ordre!

Cette dernière interpellation s'adressait à Amédée Dutertre, que désignèrent les grands yeux noirs de la Benjamine, après qu'ils eurent fait le tour de la salle, pour s'arrêter enfin sur le jeune homme pâle, rêveur et muet, qui s'était accoudé à l'écart sur le poêle.

Amédée sortit de sa rêverie et sourit machinalement au son de voix et au regard de la jeune fille. Mais, soit qu'il n'eût pas entendu ses paroles, soit qu'il lui fût impossible de manifester de l'enjouement, il ne répondit rien.

— Donc, mon procès est gagné, et la séance est levée, dit Nathalie pendant que son père éloignait sa chaise de la table et se plaçait de côté, comme pour donner un dernier coup d'œil à son troupeau avant de se retirer.

— Votre plaidoyer roule sur un détail puéril, mon enfant, répondit Dutertre. Cependant il ne faut pas blesser, même par une puérilité, les convenances de l'affection. Êtes-vous bien sûre que votre belle-mère, ma femme, votre meilleure amie, ne souffre pas un peu quand vous...

— Non, mon ami, je n'en souffre pas,

répondit vivement madame Dutertre ; puisque Nathalie n'y voit pas une marque de froideur, je n'ai pas voulu même supposer qu'elle songeât à m'affliger. Pourtant, si elle me permet une objection, je lui dirai qu'elle rejette sur moi, à coup sûr, le petit ridicule qu'à tort elle craint pour elle-même. En me traitant comme une jeune personne, elle me force à accepter la prétention d'une parité d'âge qui n'existe pas...

— Ce n'est pas là ce qui blessera mon père, dit Éveline avec plus d'étourderie que de méchanceté.

— C'est à mon père de se prononcer

là-dessus, dit Nathalie : s'il veut qu'O-
lympe ait l'air d'être notre mère, qu'il
lui fasse porter des robes de mérinos et
des bonnets à ruche, au lieu de lui envoyer de Paris des robes de taffetas
rose...

— Qu'elle ne porte pas ! dit Dutertre
en jetant les yeux sur la robe de velours
noir de sa femme.

— Mais qu'elle va porter, à présent
que tu es ici! dit Caroline. N'est-ce pas,
mère, que tu vas te faire belle pour papa?
Quand tu es bien arrangée, bien jolie, je
vois dans ses yeux qu'il est content ! Et

moi aussi, papa, je mettrai demain ma robe rose pour te faire plaisir.

— Ah! toi, du moins... dit Dutertre en la pressant sur son cœur. Et sa phrase expira dans un baiser, mais il la termina intérieurement. — Toi, du moins, pensa-t-il, enfant de mes entrailles, tu prends ta part de mon bonheur au lieu de me le reprocher!

A minuit, chacun était rentré chez soi depuis une heure ; mais, à l'exception des domestiques, personne ne dormait au château de Puy-Verdon. M. et madame Dutertre avaient leurs appartements à une extrémité du château opposée à celle qu'occupaient les demoiselles Dutertre et leur principale servante, une bonne femme qui avait nourri Éveline et qui les avait élevées toutes les trois : on l'appelait du sobriquet de *Grondette*. Amédée Dutertre habitait une jolie tour carrée qui avait une entrée sur les cours et une sur les jardins. De ces trois points d'occupation qui avaient pour centre commun la vue de la pelouse semée de fleurs et plantée de beaux arbres, située au midi, on pouvait, au besoin, s'avertir et se rassembler, prévision qui n'est jamais inutile dans les résidences isolées.

Pénétrons dans l'appartement des demoiselles. Il n'y aura pas trop d'indiscrétion, car, à l'exception de la Benjamine que nous ne troublerons pas, puisqu'elle dit ses prières, seule dans sa petite chambre, aucune ne songe à se coucher. Les trois jolies pièces qui composaient cet appartement étaient reliées par un bout de galerie qu'on avait fermé à chaque extrémité pour en faire un salon commun, une sorte d'atelier où ces demoiselles avaient leurs études d'artistes et leurs ouvrages de femme. Pianos, livres, chevalets, corbeilles, tout cela était rangé trois fois par jour au moins par l'infatigable Grondette, aidée de la patiente Benjamine. Mais, au moment où nous y pénétrons et où Grondette vient de se retirer dans une chambre située en face de la galerie, le désordre a déjà repris son empire sur l'élégant gynécée où la lionne turbulente et la raisonneuse distraite ont établi le quartier-général de leur veillée.

Ce n'est pas qu'Éveline fût dans son heure et dans son costume de pétulance. Dès qu'elle quittait ses petites bottes de maroquin et son chapeau de feutre, elle devenait princesse, nous l'avons dit, et il n'y avait pas assez de batiste, de parfums, de dentelle et de satin, pour reposer ce corps, frêle en apparence, de la rudesse d'habitudes où l'emportait le jeune démon de sa fantaisie. Mais *dérangeuse* par nature, comme l'appelait Grondette, que ce fût par indolence ou par activité, par besoin de partir plus vite ou de se reposer plus tôt, il fallait que tous les objets qui se rencontraient sous son pied ou sous sa main cédassent brusquement ou dédaigneusement la place à sa personne agile et souple, soit pour la laisser passer, soit pour la laisser s'étendre. Quelque précieux et choyé que fût ce corps de reine, tous les objets à son usage avaient un air de malpropreté ou de dégradation. La riche moire des fauteuils où l'on étendait des pieds crottés au retour de la chasse, les divans de velours où on laissait monter les chiens favoris, les rideaux de mousseline de l'Inde que l'on tirait d'une main impatiente, les tapis de Turquie fréquemment arrosés par le contenu des encriers, tous ces objets incessamment renouvelés d'un luxe dont Eveline avait un si grand besoin et usait avec un si grand mépris, étaient maculés, tachés, flétris, et, au bout de quelques jours d'apparât, avaient perdu la fraîcheur et, qu'on nous passe le mot, la décence de leur aspect.

C'était bien tout l'opposé du chaste sanctuaire où, tandis que ses sœurs babillaient une partie de la nuit, Caroline s'enfermait pour dire ses naïves patenôtres, faire le relevé de ses petites dépenses personnelles, qui, presque toutes, consistaient en aumônes, raccommoder secrètement quelque nippe (car son plaisir était de se soustraire à l'indolence de la richesse), enfin repasser ses leçons et étudier avec conscience les choses d'instruction élémentaire que ses sœurs avaient trop vite dédaignées pour apprendre des choses frivoles aux yeux de Caroline.

Nous appelons frivoles, nous, les choses qu'on effleure sans les approfondir.

Nous pensons que ce qu'on appelle les arts d'agrément, dans les familles aisées, est très inutilement barbare, et qu'on ferait beaucoup mieux, à l'état où les cultivent la plupart des jeunes personnes, de les appeler art de *désagrément* pour l'entourage condamné à en subir les résultats, la vue de certains portraits de famille, l'audition de certaines romances, de certains concertos, voire de certains vers.

Eveline et Nathalie n'en étaient pas précisément là. Elles avaient un certain talent, l'une pour la musique, l'autre pour la poésie. Éveline avait beaucoup de dextérité dans les doigts et de fantaisie dans la cervelle, quand elle interrogeait follement, à d'assez rares intervalles, son piano presque toujours malade par suite d'un abandon prolongé ou d'une trop bouillante épreuve. Nathalie faisait réellement d'assez bons vers, parfois très beaux quant à la forme, mais où en eût-elle trouvé le fond? Son cœur était froid et fermé; son imagination, jamais émue par le sentiment, n'était qu'un miroir d'acier qui reflétait les objets extérieurs avec netteté. C'était un talent d'observation, aidé d'une expression juste, parfois heureuse. Elle aimait le métier et se jouait avec les difficultés de la rime et du rhythme, comme un ciseleur ferme et minutieux avec une matière rebelle. Elle faisait assez bon marché de la mode, car elle ne manquait pas de goût; mais, aimant à lutter, elle se plaisait à imiter tous les genres modernes pour surenchérir sur les défauts de l'école romantique. Elle prenait cela pour la difficulté vaincue, et y trouvait une grande jouissance d'amour-propre. Elle s'assimilait ainsi les qualités de cette école, mais ces qualités n'étaient pas siennes et perdaient toute originalité en passant par un cerveau aussi froid que son cœur.

Elle n'avait réellement de personnalité

un peu frappante que dans la satire ou l'imprécation. Athée par nature, si elle ne niait pas positivement la divinité, elle la prenait à partie et discutait ses lois avec une rare audace. Lorsqu'elle avait de l'aigreur contre les personnes ou les choses, elle exhalait et calmait en secret son ressentiment et sa souffrance par d'assez véhémentes déclamations remarquablement bien tournées. C'était là tout son talent, talent assez éminent chez une femme, mais pas assez ardent pour être mâle, pas assez tendre pour être féminin.

Éveline et Nathalie étaient trop bien

élevées, trop peu provinciales, et avaient affaire à des parents trop sensés pour débiter leur poudre d'or aux yeux des profanes. Elles eussent volontiers initié la famille à leurs petites gloires, si d'elles-mêmes elles n'eussent détruit comme à plaisir le charme de la vie de famille, l'une par ses bizarreries, par ses caprices d'enfant gâté et impérieux, l'autre par une orgueilleuse amertume. Toutes deux craignaient de trouver de la partialité dans le jugement de leurs parents, et, par-dessus le marché, toutes deux avaient la certitude de rencontrer une critique malveillante ou dédaigneuse toute faite d'avance dans l'esprit l'une de l'autre.

Malgré cette antipathie instinctive des deux sœurs, elles pouvaient difficilement se passer l'une de l'autre dans l'assaut qu'elles livraient à une troisième puissance domestique. L'entretien que nous allons rapporter expliquera la nécessité de cette alliance forcée dans l'offensive, mais non pas solidaire dans la défensive.

IV

IV

— Comment? il n'est que minuit? dit
Éveline, qui feuilletait un roman de
Walter-Scott sans le lire, étendue sur
un moelleux sopha, et jouant tantôt avec
les tresses détachées de ses beaux che-

veux, tantôt avec les oreilles d'un énorme et magnifique terre-neuve.

— Je trouve aussi le temps long aujourd'hui, répondit Nathalie, qui, d'une main ferme et en caractères d'une largeur affectée, copiait une longue tirade de sa façon sur un vélin épais et cassant.

— Mais cela s'explique, reprit Éveline, il y a une grande heure que nous sommes ensemble.

— Éveline, tu prends avec moi des habitudes de sarcasme qui lasseraient la patience de tout autre, mais dont j'ai résolu de ne pas m'apercevoir. Tu ne t'aperçois donc pas, toi, ma chère, de la cause de mon silence?

— Oh! si fait! c'est le calme du mépris, la patience de la force. D'un mot tu me briserais!

— Qui sait?

— Et tu as pitié de ma faiblesse!

— Peut-être bien.

— Tu fais à tort la généreuse, ma

grande Nathalie, tu n'es qu'une avare, au contraire; tu amasses les trésors de ta vengeance, et d'un mot placé à propos de temps en temps, tu foudroies mon arsenal de taquineries. Mais je suis meilleure que toi et reconnais que j'ai tort. Nous ferions mieux de nous supporter mutuellement, à présent surtout que nous voilà condamnées à vivre de longues heures vis-à-vis l'une de l'autre.

— Moi, je ne m'en plains pas, j'aime encore mieux ta société bizarre et ta causerie incohérente que les fourberies caressantes d'Olympe, les trahisons niaisement bien intentionnées de la Benjamine, les remontrances pédagogiques de M. Amédée, et surtout que les indignations mal contenues de notre pauvre père.

— C'est-à-dire que tu détestes tant tout le monde, que tu aimes mieux te reposer dans le dédain que t'inspire ta frivolité? Tu devrais au moins excepter mon père...

— Ah! tu poses la fille tendre et soumise, ce soir! Oui, oui, tu l'as fait, je l'ai vu! Éveline, tu es lâche!

— Lâche de cœur, c'est possible.

Ayant pour ma part le courage physique, je m'en contente, et ne rougis pas de céder à la fantaisie d'un père si indulgent pour moi et si parfait d'ailleurs.

— Fort bien, tu continueras à lui marquer la plus entière déférence, à la condition qu'il te laissera faire toutes tes volontés, même les plus absurdes, courir avec tout le monde, par tous les temps, par tous les chemins, exposer ta réputation...

— Halte-là, ma belle! Vous seule prétendriez volontiers cela. Mais, vivant avec vos livres, vous ne savez, de ce qui vous entoure, que le mal que vous y supposez. Ma réputation ne risque rien au grand jour et au grand air. Plus j'ai de témoins de mes actions, moins je crains qu'on ne les calomnie, et ce n'est pas au milieu des chevaux, des piqueurs et des chiens, que la vertu d'une demoiselle est exposée. On sait d'ailleurs que la main qui sait gouverner un cheval dangereux serait de force à châtier un insolent, et qu'une cravache voltige dans mes doigts aussi adroitement qu'une épée dans la main d'un homme.

— Fort bien! tout cela me paraît du

plus mauvais goût, et je ne conçois aucune espèce d'arme séante à la main d'une femme, quand l'austérité de son extérieur et le sérieux de ses habitudes ne la préservent pas de la seule pensée d'une insulte. Mais passons, car je compte beaucoup plus sur l'escorte fidèle d'Amédée pour contenir les audacieux que sur tes moyens personnels de défense...

— Amédée est un sot qui, s'il me voyait insultée, me vengerait sans doute, mais en ne manquant pas de prouver que je suis dans mon tort, que c'est ma faute, et en me criant comme le maître d'école de la fable : « Je vous l'avais bien dit ! »

— Ce serait révoltant, en effet, que ce pauvre garçon, en se faisant couper la gorge pour tes sottises, se permît de murmurer contre sa souveraine adorée !

— Adorée ! voilà une méchanceté d'un nouveau genre ! Prétends-tu maintenant m'imposer le ridicule d'avoir pour amoureux mon petit cousin, un enfant dont nous avons vu pousser la première barbe ?

— Un enfant qui a maintenant une très jolie barbe, et qui compte vingt-quatre ans, juste l'âge de madame Olympe.

—Eh bien! qu'est-ce que cela prouve? Une femme de vingt-quatre ans a le double de l'âge d'un garçon du même âge.

— Alors tu ne penses pas qu'il puisse être amoureux...

Un sourire sinistre passa sur les lèvres de Nathalie.

— De qui amoureux? demanda Éveline étonnée.

— De toi, répondit Nathalie négligemment.

— J'espère bien qu'il n'y songe pas, le

cher enfant! cela me ferait de la peine, car je l'aime beaucoup. C'est un bon garçon, malgré ses manies; il a été élevé avec nous, et je le regarde comme mon frère. Est-ce que tu le verrais d'un autre œil? Tu en es peut-être jalouse, toi, qui ne fais et ne penses rien comme les autres?

Nathalie ne répondit que par un sourire et un mouvement d'épaules plus expressifs que toutes les paroles par lesquelles on peut exprimer le dédain qu'inspire un individu appartenant au sexe masculin. Puis elle bâilla, posa un instant son front élevé dans sa main longue et blanche, changea un hémistiche qui lui paraissait incolore, et se mit à l'écrire.

La pendule sonna le quart après minuit.

— Cette nuit est un siècle, dit Éveline en laissant tomber son livre que la jeune Tisiphone, grande chienne griffonne courante de prédilection, se mit à déchirer à belles dents.

— Cette bête mange ton livre, dit Nathalie sans se déranger.

— Elle fait bien, répondit Éveline, il

m'ennuyait. Décidément, je déteste Walter-Scott.

— Et pourtant tu singes assez Diana Vernon..

— Comme tu singes la reine Élisabeth, et comme Caroline singe Cendrillon. Tout le monde singe quelqu'un, à dessein ou sans le savoir. Il n'y a pas de type humain qui ne trouve son analogue dans le roman, dans la fable ou dans l'histoire. Ce qui rend la ressemblance souvent ridicule, c'est que les situations diffèrent. Ainsi, Benjamine habitant un château comme celui-ci, et servie par vingt laquais, jouissant des préférences d'un papa débonnaire, est absurde quand elle fait elle-même le chocolat avec autant de hâte et de soin que si elle attendait des coups et des injures au bout de son œuvre; moi, je suis ridicule en ayant l'air de chercher, à travers nos bois et nos collines, un père proscrit et persécuté, quand j'en ai un qui siége tranquillement à la Chambre, et règne par ses vertus et ses richesses dans la province... Et toi, ma pauvre Nathalie, qui, au lieu de la plus brillante cour de l'Europe, n'as à tyranniser qu'une famille ennuyeuse et paisible...

— Ennuyeuse, c'est vrai, interrompit

Nathalie; paisible, cela te plaît à dire.
Éveline, sais-tu pourquoi nous n'avons
envie ni de veiller, ni de dormir en ce
moment? C'est que nous avons de l'ennui sans être paisibles.

— Pourquoi ne sommes-nous pas paisibles? C'est peut-être la faute de notre caractère.

— Nullement. Le tien est celui d'un enfant qui s'amuse de tout; le mien, celui d'une femme qui méprise beaucoup de choses. Par nous-mêmes nous avons de quoi nous réjouir ou nous distraire : toi dans les choses riantes, moi dans les choses sérieuses. Mais, en dehors de nous, il y a une cause de trouble qui nous atteint déjà, et qui nous forcera d'éclater tôt ou tard. Cette chose fatale, ridicule, mais insurmontable dans notre destinée, c'est l'amour de notre père pour une autre femme que notre mère.

— Ah! je t'en supplie, Nathalie, ne mets pas notre pauvre mère en cause dans cet éternel procès que tu fais à mon père. Tu n'avais que quatre ans quand elle est morte, je n'en avais que deux, la Benjamine venait de naître ; aucune de nous ne l'a connue au point de se souvenir d'elle aujourd'hui, et l'amour filial n'est chez nous, de ce côté, qu'un sentiment très vague et qui aurait mauvaise grâce à se plaindre du peu de temps que notre père a donné à sa douleur. Douze ans écoulés avant qu'il songeât à se remarier, c'est un deuil sur lequel je ne vois que celui du Malabar qui puisse renchérir.

— Que tu parles de tout légèrement, et surtout des choses sérieuses! Je ne te dis pas que notre père se soit remarié trop tôt; je te dis, au contraire, qu'il s'est remarié trop tard pour nous!

— Mais nous-mêmes, ce serait nous

en aviser bien tard pour le lui reprocher, toi surtout, qui avais déjà seize ans quand il nous fit part de ce projet qui le rendait si heureux, et auquel, pourtant, l'excellent père eût renoncé s'il nous eût vues désolées et effrayées.

— Belle autorité pour faire une pareille folie, que le consentement de trois petites filles qui s'ennuyaient au couvent et qui avaient hâte d'en sortir! Je fus enchantée, pour ma part, quand mon père, enfant lui-même dans l'entraînement de sa passion, mit devant nos yeux d'enfant le doux leurre de la liberté, de la vie de luxe, à la campagne, chose charmante à seize ans.

— Et à dix-huit aussi; je m'y plais encore beaucoup.

— Tu mens, tu commences à t'y ennuyer, et moi je m'y ennuie depuis longtemps. Nous sommes nées pour le monde, nous avons été élevées pour le monde; nous avons soif de notre élément, et nous vivons ici comme des poissons jetés sur l'herbe, qui bâillent au soleil en entendant le lointain murmure de la rivière.

— Voyons, Nathalie, tu es injuste : est-ce que nous ne voyons pas du monde ici? est-ce que le monde n'est pas partout pour les riches? Dans trois jours, l'arrivée de mon père sera l'évènement du pays, et nous ne saurons à qui entendre ; tu auras une cour de gens sérieux, moi un cortège d'écervelés...

— Oui, oui, une lanterne magique qui durera deux mois, et quand mon père retournera à ses travaux parlementaires, la solitude, l'hiver, le silence! Puis le printemps sans amour et sans espoir, l'été morne et accablant, avec des moissonneurs pour coup d'œil et des mouches pour société.

— Il est vrai que l'année de dix mois

est un peu longue, mais on peut tuer le temps, et quant à l'amour dont tu commences à être pressée d'éprouver les douceurs, moi, je te déclare que je n'y pense pas encore.

— Tu mens, te dis-je! Tu y penses moins souvent et moins sérieusement que moi, c'est possible, mais tu commences à te dire que l'amour n'est pas ici et ne viendra pas nous y chercher.

— Pourquoi non? Nous n'avons pas manqué de poursuivants jusqu'à cette heure?

— Des poursuivants de passage, et dont pas un ne nous convenait !

— Nous les avons tous assez peu encouragés. Nous sommes difficiles, conviens-en.

— Et nous avons sujet de l'être ; mais nous ne sommes pas seulement difficiles à contenter : nous sommes difficiles à marier.

— Au contraire, nous sommes riches, et on nous permet d'épouser des hommes sans fortune, à la condition qu'ils seront honnêtes, bien élevés, laborieux... Quoi encore! Papa a là-dessus de belles théories assez romanesques...

— Et par conséquent irréalisables. Les jeunes gens pauvres qui recherchent de riches héritières ne sont pas fort honnêtes, car ils les trompent en feignant d'aimer en elles autre chose que leur dot. Les jeunes gens riches sont insolents, ignorants, frivoles, sots...

— Quel pessimisme! J'espère que c'est ta bile qui te fait voir ainsi le monde. Mais, s'il en est ainsi, sais-tu que ce n'est pas nous qui sommes difficiles à marier, mais le monde qui est difficile à épouser?

— Il y a du vrai dans ta remarque. Mais ce qui est difficile n'est pas impossible. Seulement il faut se trouver lancé en plein dans les conditions où l'esprit, la pénétration, le jugement, peuvent servir à quelque chose. Ainsi, que nous vivions dans le monde, à Paris, que nous voyagions en Angleterre, en Allemagne, en Italie, que nous menions la vie qui convient à notre situation dans la société; et, au milieu de tous les flots que nous aurons à traverser, notre œil saura bien découvrir, notre main saura bien arrêter la perle fine qui nous convient, au milieu des coquillages vulgaires qui se prendront à nos filets.

— Ne te sers pas de cette métaphore, je t'en prie. La perle est toujours cachée dans une huître.

— Folle! tu cherches toujours le mot et ne réfléchis à rien! Nous sommes riches, nous sommes belles, nous sommes supérieures aux femmes du monde, et nous sommes peut-être destinées à attendre ici le limaçon dont le héron de la fable fut forcé de se contenter à l'heure du soir. Si cela continue, il nous restera à croquer le petit cousin entre nous trois.

— Oui, ce sera ce qu'on appelle *croquer le marmot.*

-- Ah! que tu m'irrites avec tes sottes plaisanteries! Riras-tu de bien bon cœur quand mon père viendra nous dire : « Vous voilà trois ; voici mon neveu Amédée Dutertre que j'ai élevé à la brochette pour vous, choisissez! »

— Crois-tu, vraiment, que mon père le destine à l'une de nous?

— J'espère qu'il le réserve pour sa Benjamine. Ils sont faits l'un pour l'autre, ces charmants enfants, et je ne pense pas qu'on me fasse, à moi, l'injure de me l'offrir.

— Parce que tu rêves l'amour, l'idéal,

que sais-je? mais moi, sans faire tort à Benjamine, qui ne pense encore et ne pensera peut-être jamais qu'à élever des serins, je t'avoue que, si je me voyais réduite par disette à conserver intact mon nom de Dutertre, je m'arrangerais du cousin Amédée plutôt que de bien d'autres. Il ne me plaît pas du tout, je te le déclare; même il me déplaît un peu, il m'ennuie! mais, en somme, il est encore le plus joli garçon, le plus convenable, le plus instruit, le plus propre à faire un mari de campagne que nous ayons sous la main.

— Enfin, nous y viendrons, pensa Nathalie, mais tout à l'heure!... Voyons d'abord... Eveline! dit-elle tout haut, comme si elle n'eût pas entendu ce que sa sœur venait de dire à propos d'Amédée : que dis-tu de ces deux nouveaux visages qui sont venus ce soir et qu'on n'a pas voulu nous montrer aux lumières ?

— Je les ai entrevus dans la cour, dit Eveline. Il y a une espèce de lion qui m'a paru irréprochable.

— M. de Saulges ?

— Oui, le nouveau voisin.

— Tu le trouves bien ?

— Parfait, charmant, un homme délicieux ! Mais après le premier coup-d'œil accordé à la curiosité, je n'y ai plus fait la moindre attention.

— Pourquoi ?

— Parce que je n'aime pas les animaux de mon espèce. Je les connais trop bien. Une lionne admirer un lion ! Allons donc !

— Mais celui-là montre quelque esprit ?

— N'ai-je pas de l'esprit aussi, moi,

quoique lionne? Non, non, ma chère, les semblables se fuient et les contrastes se cherchent, voilà l'idée que je me fais de l'amour et du mariage.

— Alors *l'homme de plume* te plairait davantage?

— Oui; ce n'est pas une figure régulière, c'est jaune, bilieux et d'une jeunesse équivoque; mais ça a des yeux magnifiques d'expression, des dents si blanches, des cheveux si noirs... et le sourire fin... une physionomie dont la distinction vient du dedans et se répand sur les lignes peut-être incorrectes et communes d'ailleurs... Tu ris? Oui, j'accorde que, pour des yeux bêtes, il est assez laid. Mais il a ce je ne sais quoi de rêveur, de souffrant, de mélancolique et de railleur qui me paraît indispensable, même à la beauté, pour qu'elle ne soit pas ennuyeuse. Est-ce que c'est un grand nom littéraire, Jules Thierray?

— Connais pas! dit Nathalie du bout des lèvres. Il y a comme cela deux ou trois mille écrivains célèbres dont, à moins de faire partie de quelque cénacle, personne n'a jamais entendu parler.

— Ce n'est pas une raison pour que celui-là n'ait pas beaucoup de talent.

—Mon Dieu! dit Nathalie, cela peut devenir, comme tout autre, un écrivain de *premier ordre!* Il ne s'agit que d'être prôné dans un certain monde et de trouver ce qui flatte le goût du moment! Mais qu'importe son rang dans la hiérarchie des beaux esprits, s'il te plaît par lui-même? et il te plaît un peu?

— Beaucoup, ce soir! Mais que sais-je s'il me plaira demain?

— Tâche qu'il ne te plaise plus.

— Pourquoi?

— Parce que tu lui déplais.

— A quoi as-tu vu cela?

— J'ai vu cela en même temps que j'ai vu autre chose.

— Quoi donc?

— Qu'il est amoureux d'une autre personne que toi.

— C'est donc de toi?

— Non; c'est d'Olympe Dutertre.

— Ah! fit Eveline d'un air étonné;

puis elle ajouta avec indifférence : Eh bien ! qu'est-ce que cela me fait ?

— Et à moi ! dit Nathalie en haussant les épaules.

— Tu es sûre de ce que tu dis? reprit Eveline un peu rêveuse.

— J'en étais sûre avant qu'il vînt ici. Il lui a écrit des vers sur son album, au dernier voyage qu'elle a fait à Paris sans nous ; des vers bien plats, par parenthèse !

— Elle te les as montrés?

— Je n'ai pas demandé sa permission pour les lire. Est-ce qu'on met des secrets dans un album ?

— Alors, c'étaient des vers qui ne prouvaient rien !

— Ma chère amie, dans le monde, les vers sont l'art de faire des déclarations d'amour à une femme sous le nez de son mari et devant tout le monde.

— Tu dis pourtant qu'ils étaient plats, ces vers ?

— Veux-tu les lire ? je les ai là.

— Ah! tu les as copiés?

— Non, je les ai retenus... Et elle passa une feuille volante à Eveline qui s'écria, après les avoir lus : Mais je les trouve charmants, moi, ces vers-là ! je les aime mieux que tous les tiens !

— C'est que tu ne t'y connais pas. Ils n'ont qu'un mérite, c'est d'exprimer assez adroitement une passion très vive.

— Voyons donc, dit Eveline en les relisant; et, quand elle eut fini, elle garda le silence et rêva. Puis elle dit : J'y vois plus d'adulation que d'amour.

— L'adulation n'est-elle pas le langage de l'amour ?

— Celle-là est excessive.

— Olympe est admirablement belle, c'est incontestable.

— Trop pâle !

— C'est la mode d'être pâle, et rien n'a plus de succès auprès des artistes. Tes belles couleurs, souvent trop vives, seraient en disgrâce dans un salon.

— Bah ! c'est un goût dépravé, cela !

Mais qu'est-ce que cela me fait, encore une fois? si le rimeur me trouve trop fraîche, le gentilhomme me rendra plus de justice, et il verra qui, de moi ou d'Olympe, sait faire changer de pied au galop, et enlever net ce changement dans un tournant dangereux ; il ne me fera pas de vers, lui, mais on prend ce qu'on trouve !

— Tu oublies que les semblables se fuient et que les constrastes se cherchent ! Le lion n'a pas plus de goût pour toi, que toi pour lui.

— Tu as vu aussi cela, ce soir,

au salon, où l'on ne voyait rien?

— J'ai entendu.

— Quoi donc? celui-là aussi fait la cour à Olympe?

— Il la lui fera; elle l'a charmé avec quelques mots, elle cause bien, elle est fort séduisante. Il lui a demandé si elle montait à cheval. Fort peu, a-t-elle répondu, je n'ai pas le temps; là-dessus il s'est écrié qu'elle avait bien raison de n'en pas perdre à de pareils amusements; que, pour lui, il en était dégoûté, et qu'il ne comprenait plus le plaisir qu'on pouvait trouver à cheval auprès d'une femme, car c'était la plus incommode manière de causer, et que quand on avait le bonheur d'entendre une voix comme la sienne, on devait regretter tout ce que le mouvement et le bruit des chevaux en fait perdre.

— Mais tout cela n'était pas flatteur pour moi... pour mon père, qui m'avait reproché de passer ma vie à cheval.

— Ton père n'entendait pas. Est-ce que tu n'as pas remarqué qu'on parle toujours bas aux jeunes femmes, et qu'on ne parle tout haut qu'aux maris et aux demoiselles ?

— Tu es méchante, Nathalie ! Tu voudrais me rendre jalouse de ma belle-mère. Je t'avertis que c'est inutile, je ne le serai pas au point de vue de la rivalité et de la coquetterie. Je ne le serais que si elle nous enlevait le cœur de mon père.

— Et tu trouves que ce n'est pas un fait accompli ?

— Non, non, cent fois non ! Tais-toi !

— Tu trouves tendre de la part de notre père de nous quitter et de nous envoyer coucher à onze heures, le jour de son arrivée ?

— Il était fatigué du voyage. Il avait sommeil.

— A preuve qu'il n'est pas encore couché et que les croisées de leur appartement rayonnent dans la nuit comme la flamme de l'amour dans l'âme aveuglée de notre pauvre jeune homme de papa !
— Ici Nathalie partit d'un rire nerveux, haineux, horrible à entendre. Ce n'était pas la jalousie injuste, mais excusable d'une fille qui dispute l'amour de son père. C'était le profond dépit d'une femme sans cœur qui hait et maudit le bonheur des autres.

Eveline en fut effrayée. Une rougeur

brûlante couvrit son front. — Ils s'aiment donc bien ! dit-elle, en aspirant de toute son haleine l'air frais de la nuit. Mais, faisant un dernier effort pour échapper à la maligne influence de sa sœur aînée, elle regarda d'un autre côté et dit pour changer l'entretien :

— Il paraît que personne ne dort cette nuit, car les croisées d'Amédée sont éclairées aussi. Ce bon Amédée ! il travaille, il fait des chiffres, il compte nos richesses et les augmente par l'ordre et l'économie qu'il y porte.

Puis, entraînée par une succession d'idées assez naturelle, Eveline ajouta :

— Il ne possède rien, lui, et il n'y songe pas. Il est l'homme d'affaires de la famille. Il ne désire rien pour lui-même, heureux qu'il est d'être utile à mon père et à nous! Il serait bien juste qu'une de nous le récompensât un jour de tant de soins et de désintéressement! Allons! allons! Nathalie, si Olympe nous enlève les amoureux de passage, elle fait bien, elle nous rend service: car le bonheur est peut-être là, dans ce pavillon carré, où Amédée veille pour nous, et je crois bien que celle de nous qui l'y trouvera sera la plus sage des trois.

— Ainsi tu te rabats, en désespoir de

cause, sur le pauvre cousin? dit Nathalie d'un air triomphant, car elle avait enfin, à travers mille détours, amené Eveline au point où elle la voulait. Eh bien! ma chère petite, il te faudra encore renoncer à ce pis-aller. Des charmes plus puissants que les tiens s'y opposent, et ce n'est ni à toi, qu'il dédaigne comme une éventée, ni à moi, qu'il déteste comme un juge clairvoyant, ni à la Benjamine, qu'il regarde comme un zéro, que pense, à l'heure où nous sommes, le romanesque et mélancolique Amédée.

— Affreuse Nathalie! dit Éveline en voulant quitter la fenêtre, oserais-tu prétendre aussi que notre belle-mère...

— Tais-toi et regarde, dit Nathalie en la ramenant et en la forçant de s'avancer avec elle sur le balcon.

V

V

— Que veux-tu que je regarde ? dit Éveline cédant à un mouvement de curiosité irrésistible.

— Rien, répondit Nathalie ; cette lune blafarde qui court, comme une folle dans les nuages ! Puis fermant derrière elle le lourd rideau qui devait empêcher leur lumière d'être vue du dehors, elle baissa la voix : Parle tout bas, dit-elle, et regarde la fenêtre d'Amédée.

— Elle est fermée, le rideau de mousseline cache seul les vitres. Mais je distingue le globe lumineux de sa lampe.

— Tu crois qu'il est là ? qu'il travaille, qu'il ne pense qu'à supputer le nombre des bestiaux vendus dans l'année, et à enregistrer celui des gerbes de blé rentrées dans nos greniers à la moisson dernière ?

— Eh bien ?

-- Amédée n'est pas dans sa chambre, il n'est pas dans son pavillon ; seulement il laisse sa lampe allumée pour nous faire croire qu'il y fait des chiffres. Si le massif de sapins ne nous masquait pas sa porte, tu verrais qu'elle est ouverte.

— Où donc est-il ?

— Regarde maintenant l'aile du château, tout à l'heure brillante, qui est rentrée dans l'obscurité. Mon père est dans sa chambre, Olympe dans la sienne ; l'un dort, l'autre est censée dormir.

— Enfin, où veux-tu en venir?

— Regarde les buissons de clématite qui s'étendent sous la fenêtre d'Olympe et qui nous masquent aussi la petite porte de son boudoir donnant sur le perron de la tourelle; ne vois-tu rien?

— Rien du tout.

— Regarde mieux ; attends que ce nuage se détache du visage de la lune ; à présent, à côté du buisson, dans cette lacune sur le sable blanc et uni?

— Je vois comme une ligne noire. C'est l'ombre de quelque chose.

— Ou de quelqu'un.

— C'est immobile... C'est l'ombre d'un objet quelconque dont nous ne pouvons nous rendre compte.

— Et à présent, est-ce immobile?

— Non! l'ombre grandit, diminue.... elle marche. Oh! qu'elle est nette par moments! C'est une personne qui est là, je n'en doute plus. Une personne qui se croit cachée par le massif, mais que la lune frappe de ce côté, et qui ne songe pas que sa silhouette se projette vers celui que nous voyons. Eh bien! est-ce Amédée, dis, Nathalie, est-ce lui?

— C'est *lui* ou *elle*, dit Nathalie. C'est peut-être tous les deux.

— Il n'y a qu'une ombre, je te le jure.

— Alors c'est lui. Plus d'une fois, dans des nuits encore plus claires que celle-ci, j'ai vu s'agiter les branches de ce côté ; plus d'une fois, quand le silence était plus profond, j'ai entendu le faible grincement de la porte d'Amédée qui s'ouvrait ou se refermait ; plus d'une fois ensuite, j'ai vu son ombre passer sur son rideau et la lumière disparaître. C'est alors qu'il rentrait et supprimait le fanal menteur de ses veilles laborieuses. Que d'autres choses j'ai vues! que d'autres choses je sais! que de soupirs étouffés, que de regards dérobés, que de fleurs ramassées, que de rougeurs subites, que de pâleurs mortelles!... Le pauvre jeune homme en perd l'esprit.

— Lui, ce garçon si froid, si invulnérable, qui ne voit rien, qui ne devine rien, à qui l'on serait obligé de faire des avances pour lui faire comprendre qu'il peut plaire?

— Ah! Eveline, tu lui en as fait! tu te trahis!

— Pas plus qu'à un autre. J'en fais un peu à tout le monde pour avoir le plaisir de désespérer ceux que j'attire à mes pieds. Où est le mal ?

— C'est petit, c'est pauvre. Ah! qu'Olympe sait régner mieux que toi! elle ne dit rien, elle! elle fascine; elle n'appelle pas, elle attend; elle n'escarmouche jamais, elle triomphe toujours.

— C'est donc une coquette de premier ordre, selon toi ?

— Tu es simple, de faire une pareille question!

— Eh bien ! il faudra que je l'observe, que je l'étudie, et que je m'empare de sa manière, si c'est la meilleure.

Là-dessus Eveline, toujours légère et sans fiel, mais inquiète et préoccupée, quitta brusquement le balcon, où le guet devenait superflu, la lune étant complètement voilée. Elle ne voulut plus écouter une parole de Nathalie ; elle sentait que cette parole était empoisonnée et elle y résistait comme une bonne et vaillante fille qu'elle était au fond du cœur. Mais le coup était porté. Cet invincible besoin de plaire et de régner qui la tourmentait était froissé par un obstacle qu'elle avait dédaigné jusque-là, et qui devenait gênant, effrayant pour sa personnalité. Elle dormit fort mal et rêva de Thierray, de Flavien et d'Amédée, sans savoir lequel obsédait particulièrement sa pensée.

Quant à Nathalie, elle dormit mieux qu'elle n'avait fait depuis longtemps. Elle avait atteint son but et remporté une première victoire.

Caroline, qui était couchée depuis deux heures, ne s'éveilla qu'au jour, mais sous le poids d'un terrible cauchemar. Elle rêva que le hibou mangeait sa plus belle fauvette. Elle courut ouvrir sa fenêtre, et la fauvette apprivoisée, mais libre, qui dormait sur un arbre voisin, vint assitôt voltiger sur sa tête. L'enfant essuya ses larmes, lui donna mille baisers et la laissa repartir pour aller, elle-même, achever son somme.

Amédée était déjà levé, il traversait la pelouse pour aller surveiller les travaux de la campagne. Il vit Benjamine à sa fenêtre, mais Benjamine n'avait vu que sa fauvette.

Quand le soleil se leva, Flavien, qui avait très bien dormi dans son castel de

Mont-Revêche, entra tout botté et tout habillé dan la chambre de Thierray.

— Allons, debout, paresseux! lui dit-il, la matinée est admirable, et tu perds le plus beau soleil, ajouta-t-il avec emphase, qui ait jamais doré la cime des forêts.

— Où allons-nous ce matin? dit Thierray en cherchant à s'éveiller tout à fait.

— Nous allons à la plus prochaine cité morvandiote, trouver le premier notaire qui nous tombera sous la main, pour signer la plus solennelle procuration qu'il saura rédiger. C'est une plaisanterie d'assez bon goût que je veux réellement faire à mon voisin Dutertre. Cet homme me plaît ; je veux le lui prouver en lui faisant remettre, dès ce matin, un acte qu'il pourra garder dans ses archives, acte passé à M. Dutertre, lui donnant plein pouvoir de vendre à lui-même au prix qu'il jugera convenable la propriété qu'il a envie d'acheter.

— C'est fort galant, cela, dit Thierray en se frottant les yeux ; manières de parfait gentilhomme ! Savez-vous que vous êtes heureux, vous autres, quand vous êtes assez riches pour risquer de pareilles folies, de pouvoir les faire avec succès ? Si un pauvre poète faisait cela, on dirait : Il est fou ! il fait le grand seigneur, et il sacrifie à sa vanité son seul morceau de pain, fruit de ses veilles laborieuses ! Si un petit bourgeois s'en avisait, on dirait : C'est une finesse de gueuserie. Le bon juif sait bien à qui il a affaire, et qu'il tirera de cette flatterie le double de son enjeu ! Mais chez le comte Flavien de Saulges, c'est la simple courtoisie d'un homme qui sait vivre et qui ne tient pas d'ailleurs à la bagatelle de cent mille francs ! Voilà de ces déclarations que je ne pourrai jamais faire à une femme, moi !

— Monsieur le comte a demandé ses chevaux, dit Gervais en entrant ; ils sont prêts.

— Mes chevaux ! dit Flavien en riant. Ce brave homme joue ici le rôle du Caleb de Ravenswood. J'ai demandé la patache et *César*, mon bon Gervais ! nous verrons à Château-Chinon si nous pouvons trouver quelque cariole plus légère et quelque bête plus ingambe à acheter ou à louer pour le temps que nous devons passer ici.

— M. le comte croit que je plaisante, reprit Gervais. Il y a dans la cour deux beaux chevaux tout sellés, avec un groom sur un troisième cheval; et, sous la remise, il y a une petite voiture de chasse qui est un vrai bijou. Si monsieur veut voir...

Il ouvrit la fenêtre : Flavien et Thierray y coururent et virent toutes les merveilles annoncées par Gervais. Ils descendirent aussitôt dans la cour pour les admirer de plus près.

— Quelle est la fée qui nous procure de pareilles surprises? dit Flavien. Ou bien avons-nous, parmi nos voisins, un fils de famille ruiné qui nous envoie à essayer toutes les pièces de son encan?

— Mon Dieu! monsieur, la chose est plus simple que cela, dit Gervais. M. le comte avait dit devant moi, hier, qu'il faudrait voir ce que l'on pourrait trouver en chevaux et en voitures dans les environs. J'en ai parlé aux gens de Puy-Verdon, ils l'ont rapporté à leurs maîtres, et, tout à l'heure, ce jockey vient d'arriver avec les chevaux, un autre domestique et la voiture. Le domestique est reparti en disant que tout cela était au service de M. le comte pour tout le temps qu'il en aurait besoin, le groom, la voiture et les bêtes.

— Te voilà devancé, c'est-à-dire *en-*

foncé! dit Thierray à Flavien ; Dutertre se lève plus matin que toi, à ce qu'il paraît ; sa courtoisie prévient la tienne.

— Je lui revaudrai cela, répondit Flavien.

— Que feras-tu ?

— Tu vas me le dire, toi dont le métier est d'avoir des idées.

— Il m'en vient une : c'est de lui envoyer César et Gervais dans un vaste bocal d'esprit de vin ; il a peut-être un musée d'antiques !

Gervais fit une grimace qui voulait être un sourire, mais où il entrait plus de mépris que d'admiration pour l'esprit de Thierray.

— Non, dit Flavien, cela ferait peur aux dames. Si je t'envoyais toi-même?

— Dans l'esprit de vin ?

Ici le groom, qui, tenant les chevaux en main, n'avait pas eu l'air d'entendre un mot, trouva la conversation agréable, et partit d'un rire qui fendit sa bouche jusqu'aux oreilles.

— C'est le page de mademoiselle Eveveline, dit Thierray à Flavien. La jeune lionne s'en mêle aussi, puisqu'elle te cède cette pièce de sa ménagerie.

— Comment t'appelles-tu, dit Flavien au groom.

— Créjusse, monsieur, répondit-il avec aplomb.

— C'est un nom du pays?

— Non, monsieur, c'est un sobriquet que Madame m'a donné comme ça.

— Un sobriquet! Créjusse! Je ne comprends pas, dit Thierray.

— C'est, repartit le groom, un jour que je disais comme ça à Madame qui m'augmentait mon gage : Merci, madame, à présent me voilà riche comme un Créjusse. Alors madame m'appelle toujours de ce nom-là, et tout le monde en a pris l'habitude.

— Très bien, dit Flavien, vous me paraissez un garçon de beaucoup d'esprit, monsieur Crésus. Écoutez ceci : Je vous donne tout de suite cinq louis, si vous me dites ce qu'il pourrait se trouver, par hasard, d'agréable aux dames de Puy-Verdon dans ma maison ou dans ma propriété, outre la propriété elle-même.

Le groom ne parut ni trop ébloui ni trop déconcerté. C'était un petit paysan morvandiot, têtu et résolu. Il garda le silence un instant, puis il dit :

— Le mois dernier, ces dames sont venues se promener ici. Elles sont entrées dans le jardin ; elles se sont reposées dans la maison. Dites donc, père Gervais, je parie que vous ne savez pas à quoi elles ont fait attention, ces dames ! Vous y étiez, pourtant !

— Elle n'ont fait attention à rien ! dit vivement Manette qui accourait se mêler à la conversation et qui craignait un élan de galanterie de nature à dépouiller le manoir de Mont-Revêche de son petit luxe suranné. De quoi voulez-vous que des dames si riches et qui ont tant de belles choses aient pris envie ici, où tout est vieux et passé de mode ?

— C'est à cause de cela précisément, dit Thierray. Voyons, Crésus ! Vous avez le coup d'œil du génie, vous, et je vois que vous tenez une idée. Parlez !

— Pardié ! ce n'est pas malin, dit le groom. Il y a, dans le salon de Mont-Revêche, quelque chose que je n'ai pas vu, moi ; je tenais les chevaux quand ces dames y sont entrées ; quelque chose *que je ne sais pas le nom qu'il a*. Ces dames l'ont bien dit en causant dans la voiture comme nous revenions, mais je n'ai pas pu m'en souvenir, et j'ai toujours eu envie de le voir depuis. Voilà, monsieur.

— C'est tout? dit Flavien. Ton idée ne vaut pas cent sous, et tu nous la donnes pour une idée de cent francs ! Il y a beaucoup de choses peut-être dans mon salon de Mont-Revêche. Y sommes-nous entrés, Thierray ?

— Non pas que je sache, répondit Thierray, mais le moment est venu d'éclaircir ce mystère. Viens, Crésus...

— Créjusse, monsieur !

— C'est la même chose. Viens, te dis-je. Gervais, tenez les chevaux. Votre idée est en hausse, Créjusse ! elle vaut vingt francs.

— Mais vous n'entrerez pas comme ça au salon, dit Manette, j'ai les clefs.

— Donnez-les moi, dit Flavien.

Manette, malgré une répugnance assez visible, choisit une grande clef dans son trousseau, passa devant et alla, vers l'angle de la cour, ouvrir une porte vermoulue, qui n'était élevée que de deux marches au-dessus du sol.

— Sais-tu, dit Thierray à Flavien en l'arrêtant sur ces marches, pendant que Manette entrait pour ouvrir les contre-vents du salon, que ton manoir de Mont-Revêche, vu au soleil, est une chose ravissante ?

— Oui, dit Flavien, c'est un petit *Louis XIII* assez gentil, et mieux conservé que je ne pensais. Hier, à la pluie, tout cela était sombre et humide ; cela sentait le rhume de cerveau, espèce d'incommodité ridicule, hideuse, et que je crains plus que l'apoplexie. Mais, ce matin, je me réconcilie avec cette petite construction. Elle est assez originale. Je voudrais pouvoir la transporter en Touraine; cela ferait bien dans un coin de mon parc.

—Ah! *créjusse* que tu es! s'écria Thierray; avec quel dédain tu parles de ce bijou, toi qui as des châteaux renaissance en Touraine, et peut-être des châteaux gothiques dans tous les coins du territoire! Tu trouves cela *gentil,* cette petite cour où viennent se resserrer ces façades irrégulières, mais toutes élégantes et curieuses, aux plans sveltes et nus, couronnés d'ornements plus sobres que ceux de la Renaissance, moins froids que ceux du grand siècle ; ces fenêtres qui ne sont ni le carré trop carré du seizième siècle, ni le carré trop long de la fin du dix-septième ? Sais-tu que le pur Louis XIII est ce qu'il y a de plus rare en France depuis le grand abatis de châteaux que suscita la minorité de Louis XIV ? Regarde le tien : c'est un bon vieux petit frondeur qui se donne encore à la sourdine des airs de féodalité dans ses étroites proportions. Un domicile non fortifié, mais cependant agencé, sinon pour les bravades de la défensive, du moins pour les mystères des conspirations. Tout en dedans, portes, fenêtres, escaliers, cuisines, écuries, chapelle, salon, ayant rendez-vous sur le préau commun et inaccessibles aux regards du dehors. A l'extérieur, presque rien que des murailles froides plongeant sur un fossé circulaire, et n'ayant d'ouvertures que celles qui permettent de voir sans être vu. J'appelle cela une perle, une perle noire, si tu veux, ce sont les plus belles. Cette couleur de vieillesse, que, Dieu merci! ta tante a laissé moisir autour d'elle, cette liberté de végétation qui s'est déjà faite depuis six mois que la mort est entrée ici, ces vieux sureaux qui sortent des crevasses, ces grilles rouillées, ces girouettes qui ne tournent plus, ces pavés régulièrement cerclés d'herbe vive qui forment comme un tapis grisâtre à fins carreaux verts, cette longue tourelle à pans coupés avec son petit beffroi, ces violiers jaunes sur les corniches, ces roses trémières qui montent vers les fenêtres closes, comme pour appeler en vain un regard sur leur beauté, tout cela, te dis-je, me plaît et me transporte, et si j'avais cent mille francs, je ne te laisserais pas le vendre à Dutertre qui a des terres et des châteaux plus qu'il ne lui en faut. Ah ! la vie de l'artiste ! qu'elle est triste, et fermée à toutes les jouissances dont lui seul pourtant sait le prix !

Avec ce castel et la petite zône de bois et de prairies qui l'environnent, je serais le plus riche des hommes, je redeviendrais paisible, heureux, naïf et bon! je n'aurais plus de faux besoins, de faux plaisirs... Il y a ici un paradis fait à ma taille, et il est à quelqu'un qui s'en défait, parce qu'il n'en a que faire, en faveur de quelqu'un qui l'achète, quoiqu'il n'en ait pas besoin!

— Mon cher Thierray, dit vivement Flavien, dont l'âme généreuse s'ouvrit largement tout d'un coup à l'idée de rendre heureux un de ses semblables, je veux...

A la manière dont il avait serré le bras de Thierray, ce dernier comprit ce qui se passait en lui et ce qu'il allait dire.

— Arrête, mon cher ami! lui dit-il. Merci pour cette pensée! mais ne l'énonce pas. Rappelle-toi qui je suis.

Flavien se tut. Il connaissait la fierté susceptible de Thierray.

— Tu as bien tort! dit-il en entrant dans le salon, où Manette avait fait pénétrer les rayons du soleil matinal, et où déjà monsieur Crésus, les mains passées dans la ceinture de buffle qui pressait sa taille carrée et trapue, sifflottait, en promenant un regard curieux sur l'ameublement.

Le salon de la défunte chanoinesse n'avait pas été destiné dans le principe à l'usage qu'elle lui avait attribué. C'était une pièce quelconque qui se trouvait dans le coin le mieux abrité de la cour contre le vent du nord, et par conséquent le mieux exposé aux rayons obliques que le soleil projetait entre deux petites masses d'architecture situées en face des croisées. De neuf heures du matin à midi, on pouvait donc jouir, dans ce coin privilégié, d'un peu de lumière et de chaleur, avantage refusé à toutes les autres faces de cet édifice, dont l'ensemble présentait assez les dispositions intérieures d'un pigeonnier et la profondeur d'un puits. Grâce à cette circonstance, la pièce susdite avait été choisie pour réchauffer les membres frileux de la châtelaine, et elle l'avait meublée à l'époque où, jeune encore, agréable, spirituelle, chanoinesse, mais bossue et maladive, elle était venue enfouir son existence triste et fière au fond de cette province. C'était en 1795, après sa sortie de prison, car elle avait payé son tribut, comme tant d'autres, à l'époque de la Terreur, et croyant, comme tant d'autres, que la révolution recommencerait indéfiniment, elle avait été chercher l'oubli dans une solitude. Elle était partie de Paris suivie d'un fourgon qui portait toute sa fortune mobilière, depuis son lit à baldaquin jusqu'à son coffret à ouvrage en bois de violette. Soigneuse et proprette comme une vieille fille, sédentaire et inactive comme une infirme, soignée par des valets d'ancienne roche, de ceux qui respectent jusqu'aux petits chiens des douairières, elle s'était amoindrie, séchée, éteinte insensiblement dans un âge très avancé, sans que sa tenture de perse jaunie eût reçu une tache, sans qu'une parcelle de la marqueterie de ses étagères eût été enlevée. Sa vie s'était usée sans user aucun objet autour d'elle. Le salon était resté à peu près tel que le jour où elle y avait lu la *Quotidienne* pour la première fois, et que celui où, pour la dernière fois, elle avait essayé de la lire. Sa bergère, en bois sculpté et peint en gris, était encore devant la cheminée ; le coussin de tapisserie, ouvrage de sa main débile, semblait attendre ses pieds amaigris ; les chenêts, surmontés de vases canelés en cuivre doré, brillaient de tout leur éclat dans l'âtre vide et sombre ; les glaces ternies et piquées par l'humidité avaient presque perdu leur reflet, et ne renvoyaient que des images confuses comme des spectres. Le seul objet animé de ce sanctuaire était un vieux perroquet presque blanc, à force d'avoir grisonné, lequel, réveillé sur son perchoir, au moment où le soleil pénétra jusqu'à lui, fit entendre un cri rauque, comme pour se plaindre à Manette d'être dérangé avant son heure.

VI

VI

— Serait-ce par hasard de cet affreux perroquet que les dames de Puy-Verdon ont pris envie? dit Flavien.

— Ce perroquet! s'écria Manette effrayée: le perroquet de Madame! un vieux ami qui l'a vu naître, qui l'a vu mourir et qui verra peut-être mourir les jeunes gens qui sont ici! Sachez, monsieur le comte, que cet animal a appartenu à votre arrière-grand-mère, et qu'il a, d'après les papiers de la famille, plus de cent ans révolus.

— Ah! mais, dit Thierray en ôtant son chapeau, ceci devient intéressant; monsieur le centenaire (et ici il salua profondément le perroquet), permettez-moi de vous présenter mon respect. Vous devez savoir bien des choses, et je gage que vous pourriez nous chanter la complainte sur la mort du maréchal de Saxe, que l'on vous apprit sans doute dans votre jeunesse.

— Hélas! monsieur, répondit Manette, il a su tant de choses qu'il ne se souvient plus de rien. Il ne parlait même plus depuis longtemps, lorsque....

— Eh bien! quoi? dit Flavien frappé de l'émotion de Manette.

— Attendez, monsieur le comte, répondit la vieille, il se secoue, il se gratte, il se rengorge, il va le dire, le seul mot nouveau qu'il ait appris, et dont il se souvienne aujourd'hui. Allons, Jacot, puisqu'il faut que tu le dises!... *Mes bons amis...*

— *Mes bons amis,* dit d'une voix cassée et plaintive le perroquet. — *Mes bons amis, je vais mourir!*

— Voilà une triste parole! dit Flavien ; qui donc la lui a apprise ?

— Hélas! monsieur!... dit Manette, et ses yeux se remplirent de larmes.

— Allons! Crésus, dit Thierray qui n'avait pas donné beaucoup d'attention au trouble de Manette, est-ce là l'objet de la convoitise de ces dames? Au fait, c'est sérieux, un oiseau centenaire, c'est un monument!

— Ces dames ont parlé d'oiseaux, de beaucoup d'oiseaux, dit Crésus.

— Il n'y a pas d'autres oiseaux ici que celui-là! s'écria Manette irritée, et M. le comte ne le donnera pas! écoutez, écoutez ce qu'il dit, la pauvre bête!

— *Je vais mourir! je vais mourir!* répéta le perroquet avec une sorte de râle effrayant.

— Mais, enfin, m'expliquerez-vous ce cri sinistre! dit Flavien.

— Vous ne le devinez pas, monsieur le comte?... Eh bien! sachez que, dans les trois derniers jours de sa vie, votre grand'tante, toute paralysée et toute agonisante, ne pouvait pas dire un autre mot que celui-là. Elle ne bougeait plus de son fauteuil. On ne pouvait la lever ni la coucher, on eût craint de la tuer en la touchant, tant elle était faible. Jacot, qui était habitué à être caressé par elle, tout étonné de ce qu'elle n'approchait plus de son perchoir, essayait de lui parler pour se faire remarquer. Il ne pouvait plus, il ne savait plus dire un mot; mais, à force d'entendre sa maîtresse nous répéter d'un ton dolent : *Mes bons amis, je vais mourir!* il a cru qu'elle lui commandait d'apprendre ces mots-là, et, pour se faire caresser et affriander comme il en avait l'habitude, il s'est mis à les dire comme un écho. Cela a fait peur à Madame. On a emporté l'oiseau dans une autre chambre, mais il n'a pas désappris cette plainte, et, depuis six mois, il la dit aussitôt qu'il voit du monde. Eh bien! monsieur le comte, croyez-vous que les jeunes dames de Puy-Verdon trouveront cela bien réjouissant, et qu'elles ne feront pas tordre le cou à cette pauvre bête quand elles l'entendront parler?

— Vous avez raison, Manette, dit Flavien, que ce récit avait attristé, bien qu'il n'eût vu sa grand'tante que quelques jours en toute sa vie, dans un voyage qu'elle avait fait à Paris pour un procès, ceci rentre dans la religion de famille, et je vous donne ce perroquet avec charge d'en avoir soin à mes frais et dépens !

— Oh! c'est inutile, monsieur. Cela a été prévu dans le testament de madame la chanoinesse, et il y a une rente constituée pour moi comme pour lui.

— Eh! c'est vrai, dit Flavien, je l'avais oublié; oui, oui, bonne Manette, en même temps que le sort de Gervais et le vôtre sont assurés, celui de Jacot est à l'abri des coups du sort... Thierray, salue encore ce centenaire ; c'est un rentier, il jouit d'une pension de vingt-cinq francs de rente.

— Il est plus riche que moi, dit Thierray. Es-tu bien sûr que ce soit le même perroquet? ajouta-t-il à voix basse. Pour conserver la rente, comme celui-ci a une réputation de longévité, je gage qu'on le fera vivre deux ou trois siècles dans la famille Gervais, en lui substituant des individus de deux ou trois générations de son espèce.

— N'importe, dit Flavien. Manette, vous aimez cette maison, je le vois. Je mettrai dans mon contrat de vente que vous y demeurerez le reste de votre vie, ainsi que Jacot et Gervais.

— Merci! monsieur le comte, Dieu vous bénira! dit la vieille en s'inclinant devant Flavien et en donnant un baiser à Jacot. Leurs vieilles têtes, en se rapprochant, présentèrent à l'œil de Thierray une ressemblance d'un comique et en même temps d'une tristesse extraordinaires. Malgré cette remarque, qui le fit sourire, il ne put se défendre d'une sorte d'attendrissement qu'il secoua vite en rappelant à Flavien l'objet de leur visite domiciliaire au salon.

— Cet ameublement, si complet et si bien conservé, lui dit-il, est un spécimen d'une rare homogénéité. Tout y porte la même date *Louis XVI,* depuis les choses de fonds jusqu'aux derniers accessoires, depuis les tentures, les boiseries et les tapis, jusqu'à la corbeille brodée en rubans *au passer*, la miniature de madame la Dauphine et le soufflet en bois de rose. Décidément, le salon est, dans son genre, aussi précieux et aussi intéressant à examiner que le château, et je vois là une foule de petites merveilles qui ont pu tenter de jeunes élégantes. Voyons ! il faut en finir, si tu ne veux que ton bouquet du matin arrive à midi, ce qui est une heure indue dans les annales des petits soins.

— Viens ici, Crésus, dit Flavien en posant le pommeau de sa cravache contre l'oreille rouge du groom : tu as parlé d'oiseaux ? il y en a sur cet écran. Est-ce cela ?

— Non, monsieur le comte, dit Crésus, ces dames ont dit comme ça : « Les oiseaux, les jolis petits oiseaux qui sont sur la table ! »

— Il n'y a ni cage ni petits oiseaux sur ces tables, dit Thierray en faisant de l'œil le tour de la chambre.

— Et il n'y en a jamais eu, dit Manette. Madame n'aimait et ne supportait que le perroquet.

— Étaient-ce des oiseaux vivants ou des oiseaux en peinture? dit Thierray à Crésus.

— Dam! je ne sais pas, répondit-il en se grattant l'oreille, ça devait être vivant, car on a parlé comme d'un bruit qui s'entendait.

— Ah! dit Thierray, la chose s'éclaircit, et vos actions montent, monsieur Crésus; vous êtes fort intelligent, et vous écoutez ce qui se dit à la portée de vos longues oreilles. Tiens! ce doit être cette montre à répétition, dit-il à Flavien : il y a des oiseaux en or vert guilloché sur le fond d'or jaune de la boîte, et cela est d'un travail exquis.

Crésus rêva et dit d'un ton capable : Non, monsieur, ça n'est pas encore ça. Mademoiselle Éveline a dit : Je le mettrais au salon, car il n'y aurait pas de place dans ma chambre; et je pense, monsieur, que la chambre de mademoiselle serait bien assez grande....

— Pour contenir une montre de la grosseur d'un ognon! Vous êtes un grand logicien, monsieur Crésus, et vos moindres paroles sont des traits de lumière. Vous nous avez révélé que l'objet en question appartenait au genre masculin et faisait du bruit; donc, ce n'est ni une montre ni une horloge, mais ce peut être un coucou ou un tourne-broche.

— Ou un instrument de musique, dit Flavien.

— Monsieur le comte brûle! dit enfin Manette, qui savait fort bien de quoi il s'agissait, et qui avait espéré qu'on ne le découvrirait pas ; car cette recherche lui avait paru d'abord une profanation. Mais l'espoir de rester au château l'avait radoucie, et dès lors elle désirait complaire à son jeune maître.

— Pardié ! s'écria Crésus, si vous étiez là quand on a regardé la chose, ce n'est pas malin à vous de la deviner, mère Manette. Mais, tout de même, vous me volez cent bons francs ; car, sans moi, vous n'auriez rien dit.

— Il a raison, dit Flavien. Manette, ne dites rien. Cherche, Crésus, cherche ! ton idée t'appartient.

Crésus se mit à fureter avec le flair d'un valet curieux et la précaution d'un paysan méfiant. Enfin, il découvrit, dans l'angle le plus obscur du salon, derrière les fauteuils, qui lui formaient une barrière, un grand meuble oblong couvert d'une toile verte. Il souleva doucement cette toile et trouva en dessous une couverture de laine.

— C'est un lit! fit-il.

Et il laissa retomber la couverture. Mais, se ravisant, il la souleva de nouveau et découvrit un bois noir lisse comme de l'ébène, bordé d'une large raie dorée. Une clef s'offrit sous sa main.

— C'est un coffre, dit-il. Peut-on ouvrir?

Sur un signe affirmatif de Flavien, il rejeta les couvertures, tourna la clef et essaya de lever le couvercle. Le couvercle résista. Alors, comme un chat qui tourne autour d'un fromage pour savoir par où l'entamer, il se pencha à droite, à gauche; puis, découvrant un onglet, il tira la planche de sa rainure et se trouva en face d'un clavier placé dans des parois d'un vermillon aussi beau que la plus belle laque chinoise, et tout rehaussé de dorures sur bois.

— C'est ça! s'écria-t-il, c'est *une sonnerie* comme celles qu'il y a au château de Puy-Verdon; seulement, les grandes claquettes, qui sont blanches là-bas, sont noires ici, et les petites, au lieu d'être noires, se trouvent être blanches.... Et puis, il y a deux sonneries, ajouta-t-il en faisant remarquer qu'il y avait un double clavier; et ça rend un bruit, dit-il encore en posant ses gros doigts spatulés sur les touches d'ébène.

— Eh bien! c'est un clavecin, un clavecin en bon état, chose rare aujourd'hui, dit Thierray en essayant les claviers. C'est un meuble curieux et précieux, en effet, un charmant cadeau à offrir à des personnes de goût.... Mais rien ne prouve que ce soit cela! Manette, ne dites rien. M. Crésus a parlé de table, d'oiseaux, et il faut qu'il les trouve, s'il veut toucher tout à l'heure le capital de cinq louis.

— Oh! il faudra bien les trouver, dit Crésus, dont la figure épaisse, appartenant au type calmouk, s'était illuminée d'une certaine intelligence à l'idée de l'or.

Et il tourna et chercha si bien, qu'il souleva le couvercle anguleux du clavecin, l'appuya sur son bâton rouge, admira le dessous du couvercle, qui était peint en vermillon, verni et doré comme le tabernacle du clavier, et, enfin, découvrit aux yeux charmés de Thierray l'intérieur d'un des plus coquets et des plus riches instruments du dix-huitième siècle : les cordes de laiton, fines comme des cheveux, résonnant sur leurs petits becs de plume, le mécanisme naïf de l'instrument centenaire, dont la voix avait quelque rapport avec celle du perroquet, et, enfin, la table d'harmonie, ce fin morceau des artistes luthiers d'avant la révolution, planchette de sapin mince comme une feuille de papier, lisse comme du satin et couverte de peintures mates aux teintes éblouissantes de pourpre et d'azur. Des arabesques d'une charmante fantaisie entouraient l'ouverture circulaire par où le son tentait de se répercuter dans la boîte inférieure. Des feuillages verts s'enroulaient gracieusement autour d'une couronne d'étoiles d'or sur un fond de cobalt; et, pour consommer le triomphe de Crésus, partout, sous la trame dorée des cordes métalliques, couraient et voltigeaient de beaux oiseaux fantastiques aux vives couleurs, au bec et aux pattes d'argent, becquetant des fleurs splendides et faisant mine d'ajouter, par leur ramage, aux harmonies évoquées sur le clavier.

— Allons, c'est un bijou, dit Thierray à Flavien, et une curiosité de prix. Dans notre siècle d'utilité et de réalité, on a perfectionné la sonorité, on a atteint la solidité ; mais, dans l'heureux temps auquel remonte cette machine coquette, l'imagination suppléait aux jouissances de l'oreille, et les yeux charmés rêvaient des concerts d'oiseaux célestes qui chantaient dans l'âme plus que dans le tympan. Eh! mon Dieu! la voix humaine était-elle moins belle pour être accompagnée par ces sons grêles, et la pensée musicale des maîtres était-elle moins puissante et moins sublime pour n'avoir pas à son service toutes les puissances de la matière ?

Pendant que Thierray dissertait ainsi, Flavien, tout en l'écoutant avec un certain intérêt, versait la gratification à Crésus et donnait des ordres à Manette. Deux heures après, il était à la ville où il bouleversait l'esprit positif du notaire en exigeant de lui la bizarre rédaction de l'acte qu'il était impatient d'envoyer à M. Dutertre, sous forme de courtoise plaisanterie ; et Thierray, monté sur un des beaux chevaux détaché des écuries de Puy-Verdon, escortait au pas une charrette où le clavecin, soigneusement posé sur des matelas, cheminait vers Puy-Verdon, traîné par l'impassible César.

Thierray arriva à dix heures du matin, désireux de ne rencontrer aucune des dames Dutertre avant d'avoir pu installer le clavecin dans le salon. Invité à déjeuner dès la veille par Dutertre, il était parfaitement en règle vis-à-vis des bienséances. Dutertre était sorti avec sa femme dans la campagne. Eveline et Nathalie, réparant le déficit qu'une longue veillée avait apportée dans leur repos, dormaient encore. Benjamine, levée depuis longtemps, avait été soigner la volière ; Thierray se trouva seul dans la cour avec la figure sérieuse et légèrement étonnée d'Amédée Dutertre.

Après avoir écouté l'explication nécessaire, Amédée, souple et robuste, malgré l'apparente délicatesse de son organisation, mit bas son habit, passa une blouse, sauta sur la charrette, enleva les matelas, et, ne voulant pas se fier aux mains rudes des serviteurs, aida Thierray à transporter jusqu'au salon l'instrument volumineux, mais léger, sans faire une égratignure aux vernis merveilleusement intacts que Thierray avait eu soin d'envelopper de vieux numéros de la *Quotidienne*, seul journal auquel la chanoinesse eût été abonnée.

En se livrant de concert avec Amédée à ce petit travail, en l'aidant à enlever les quelques grains de poussière et les bouts de ficelle qui eussent pu nuire à l'éclat du coup d'œil, enfin, en le suivant dans sa chambre pour brosser son habit et laver ses mains, Thierray, toujours chercheur et soupçonneux, s'était rapidement posé ce problème :

— Voici un fort joli garçon. Ses yeux sont des flammes douces, ses dents sont des perles, ses muscles sont d'acier, ses formes sont élégantes, ses manières et son extérieur sont ceux d'un homme parfaitement élevé. Il parle peu, mais sa physionomie et sa prononciation disent qu'il est intelligent et distingué; Gervais raconte qu'il a été élevé ici comme l'enfant de la maison, que M. Dutertre l'aime comme son fils, et se fie à lui par-dessus tout; qu'il s'est adonné à l'étude de l'agriculture, et qu'il surveille et dirige en grand les vastes exploitations territoriales de son oncle. Donc, c'est un homme charmant que l'on peut ranger, chose rare, dans la catégorie des hommes utiles.

« Les femmes aiment-elles les hommes utiles? Non! mais elles aiment les hommes charmants. Donc celui-ci doit être aimé céans, d'une ou de plusieurs femmes, et il est aimé en raison du degré de charme qui l'emporte en lui sur l'utile. Quel est ce degré, s'il existe? »

Et tout en échangeant quelques mots de conversation générale avec Amédée, en regardant avec une attention pénétrante tous ses mouvements, toutes ses expressions de physionomie, il le trouva si calme, si simple, si *à propos* dans toutes choses, qu'il ne sut que penser.

— S'il était passionné, comme sa mélancolie l'indique, se disait-il, l'équilibre serait détruit, l'homme qu'on doit aimer l'emporterait de cent degrés sur l'homme qu'on doit estimer. Mais cette mélancolie n'est peut-être qu'une affaire de tempérament.

Il jeta un coup-d'œil sur l'intérieur du pavillon carré qu'habitait son jeune hôte; il était, conformément à l'opulence de la famille, aussi richement décoré et meublé que possible chez un jeune homme modeste et laborieux. Mais on devinait une sorte d'effort pour s'abstenir des jouissances d'un luxe qui ne lui appartenait pas. Amédée n'avait rien. Son père n'avait pas fait de bonnes affaires. Il était mort endetté. Dutertre avait tout payé ; il avait élevé l'orphelin avec soin, avec tendresse, mais dans des tendances au but sérieux du travail. Amédée n'apportait donc que son travail dans le budget de la famille : travail intelligent, assidu, dévoué, mais qu'il ne considérait que comme l'acquit d'une dette sacrée, et en retour duquel il ne voulait accepter que le nécessaire. Ce nécessaire, dans les habitudes somptueuses au niveau desquelles il fallait bien se tenir un peu, eût été le superflu pour Thierray qui était fort gêné, voulant mener la vie d'un homme du monde et ne trouvant pas encore dans son talent les ressources nécessaires. Aussi, au premier abord, fut-il tenté de faire compliment à Amédée du bien-être dont il paraissait jouir; mais tout aussitôt il devina que ces félicitations ne lui seraient pas agréables.

A quoi, entre autres choses, le devinat-il? à un morceau de gros savon-ponce que lui offrit le jeune homme pour se laver les mains. Le savon de l'ouvrier sur la tablette de marbre blanc d'une toilette garnie de porcelaines de Saxe! tout est révélation pour l'observateur attentif. Ce faible indice en disait assez. La toilette faisait partie du mobilier abondant et superbe de la maison. Le savon rentrait dans la dépense personnelle et journalière d'Amédée. Du savon pierreux a de si belles mains ! Il y avait là, selon Thierray, une parcimonie qui sentait l'abnégation héroïque : car on tient à ses mains quand on les a charmantes, quand on a vingt-cinq ans et quand on demeure dans une maison où il y a quatre paires de beaux yeux pour les apprécier.

— Voilà une complication ! pensa Thierray. L'homme vertueux l'emporte sur l'homme charmant comme sur l'homme utile. Les femmes aiment-elles

les hommes vertueux? Oui, si la passion l'emporte sur ces trois faces de l'individu. L'homme passionné est le roi naturel de la création.

— Vous cultivez le lépidoptère? dit-il en riant et en jetant un coup d'œil sur une pile de cartons bien rangés, aux flancs desquels on lisait : *argynnis, polyomates, vanesses*, etc.

— J'aime les papillons, répondit Amédée en souriant comme un enfant pris en faute.

— Mais vous avez bien raison! c'est

une passion que j'aurais si j'avais le bonheur d'habiter la campagne. Et puis, c'est un moyen de faire la cour aux femmes.

— Vous croyez? dit Amédée avec un sourire très froid.

— Oui, à la campagne, les femmes, qui sont partout essentiellement artistes, aiment les richesses, les beautés, les caprices charmants de la nature : je parie qu'ici toutes les dames aiment les papillons et vous en demandent.

— Non, pas toutes, répondit nonchalamment Amédée.

— « Nous nous renfermons dans l'impénétrabilité, pensa Thierray, nous avons un secret de cœur. Dans une heure je saurai laquelle des dames Dutertre aime les papillons. »

— Amédée! Amédée! ton filet, vite! cria, de la pelouse, une voix de femme aussi forte que celle d'un petit garçon. Un *flambé* superbe, là, sur le jasmin de ta fenêtre!

Thierray courut à la fenêtre et vit Benjamine sur la pelouse. En le voyant, elle sourit, mais ne se troubla point, et lui dit avec la franchise et l'absence de timidité d'un véritable enfant :

— Ah! bonjour, monsieur; comment vous portez-vous?

Thierray lui rendit presque paternellement son salut.

— Dites donc à Amédée, reprit la jeune fille, que les papillons se poseront bientôt sur son nez, au train dont il leur fait la chasse.

Amédée s'approcha tranquillement de la fenêtre et lui jeta son filet en souriant. Elle le ramassa, courut après le papillon et disparut avec lui dans les massifs d'arbustes en fleurs.

Amédée était aussi calme qu'auparavant.

— Allons! elles sont deux qui aiment les papillons, pensa Thierray.

VII

VII

La cloche sonna le déjeuner.

—· C'est le premier coup, dit Amédée. Nous avons encore une demi-heure avant le second. Voulez-vous que nous fassions un tour de jardin?

— Volontiers, dit Thierray.

« Si, entre le premier et le second coup de cloche, je ne devine pas ton secret, à toi, disait Thierray intérieurement, mon jugement est un sot et un flâneur. »

— D'autant plus, ajouta-t-il en s'adressant à lui, que je voudrais me munir d'un objet indispensable pour couronner ma mission ici.

— Que vous faut-il? dit Amédée.

— Un bouquet, fût-il d'herbes des

champs, pour placer sur le pupitre du clavecin que je suis chargé de présenter. C'est une galanterie bien usée, n'est-ce pas? mais ici, ce n'est pas même une galanterie. C'est une simple étiquette à placer sur un objet, comme pour dire, de la part de mon ami M. de Saulges : Je vous ai vendu ma propriété, mais je me suis réservé cette bagatelle pour avoir à vous l'offrir.

— Fort bien, répondit Amédée. Allons dire au jardinier en chef de nous faire un bouquet.

— Quoi! vous faites faire vos bouquets par les jardiniers, ici, quand vous avez la liberté et le bonheur de pouvoir les faire vous-même?

— Mais un bouquet équivalant à un écriteau, ce n'est plus un bouquet.

— Qui sait? dit Thierray en examinant son hôte; j'ai peut-être des instructions secrètes. Sous cet écriteau affiché à tous les yeux, l'ami dont je suis l'ambassadeur veut peut-être cacher un hommage, et je vous avoue que je ne sais rien d'intéressant et d'amusant comme de composer un bouquet pour une femme, même quand on n'agit que par procuration.

— Pour une femme? objecta Amédée toujours calme, ou maître de lui-même. Vous m'aviez dit que ce présent était offert aux *dames* de Puy-Verdon, et j'avais compris que c'était, comme le bouquet, une offrande collective. Toutes jouent du piano.

— Mais qui en joue le mieux?

— Sans contredit, c'est Eveline.

— Flavien n'en sait probablement rien, dit Thierray en l'observant, et je vous avoue que je ne sais pas à laquelle de ces dames il a pensé en particulier.

— Je crois qu'il n'a pensé à aucune, mais à toutes, répondit un peu sèchement Amédée.

— Vous avez raison, dit Thierray, et vous me donnez une leçon de convenances. Il est évident que Flavien ne peut se permettre d'offrir un présent à aucune des demoiselles Dutertre en particulier.

« J'ai dit une sottise, pensa-t-il, mais je l'ai fait exprès. J'ai éveillé un sentiment de jalousie. Reste à savoir s'il est collectif ou particulier. »

— Mais, reprit-il tout haut, l'hommage pourrait, sans inconvenance aucune, s'adresser à madame Dutertre exclusivement.

— Oui, dit Amédée toujours calme, mais dédaigneux, c'est un pot de vin offert par M. de Saulges à la femme de son acquéreur.

— Oh! que vous êtes positif! s'écria Thierray; appeler une attention exquise du nom brutal et malsonnant de pot de vin! Il me semble que je vois du vin bleu dans un pot de faïence égueulé s'approcher des lèvres pures de madame Dutertre!

Thierray remarqua que la figure d'Amédée ne faisait pas un pli. Mais il crut voir qu'à la pensée des lèvres d'Olympe, les siennes devenaient pâles comme l'était habituellement le reste de son visage. Cependant sa voix ne trahit aucune émotion en disant : « Si nous causons toujours, nous ne ferons pas le bouquet. Tenez, voilà mon sécateur, commencez. »

— Si j'étais sûr, reprit impitoyablement Thierray, que le clavecin et le bouquet fussent spécialement offerts à madame Dutertre, je vous demanderais quelles sont les fleurs qu'elle préfère.

— Et je vous répondrais que je n'en sais rien, dit Amédée. Je crois que ma tante aime toutes les fleurs.

Ce mot *ma tante* fut prononcé d'un ton de domesticité si chaste et si respectueux, que les soupçons de Thierray furent écartés. On n'aime pas sa tante, pensa-t-il, même quand elle n'est que la femme de notre oncle... C'est une sorte d'inceste. Pourtant on aime bien la cousine, qui est la fille de notre oncle... et on épouse l'une et l'autre avec ou sans dispense du pape. Voyons donc! nous n'avons pas encore nommé la troisième cousine.

— Sur mon honneur, reprit-il en s'adressant à Amédée, je vous jure que, si mon ami a une intention particulière, je n'en suis pas le confident. J'ai parlé pour parler, comme les oiseaux chantent pour chanter, parce que le ciel est beau et que les arbres sont verts. Je dois donc m'en remettre à votre opinion, qui est la plus sensée. Le bouquet doit être collectif, et nous devons le prouver, en réunissant toutes les fleurs qui plaisent à toutes les belles hôtesses de Puy-Verdon.

— Voilà un monsieur très bavard, pensait Amédée.

— Donc, reprit Thierray, prenons des œillets pour madame Dutertre, elle doit aimer les œillets.

— Pourquoi ?

— C'est une idée que j'ai! des roses pompons pour mademoiselle Caroline; un peu de tout pour mademoiselle Eveline; et pour mademoiselle Nathalie, que réservons-nous ?

Le bout d'une baguette que tenait négligemment Amédée toucha soit à dessein, soit au hasard, une ortie qui perçait le gazon à ses pieds.

— Oh! oh! se dit Thierray, celle-là, il la déteste.

Le second coup du déjeuner sonna.

Amédée, qui paraissait supporter plutôt qu'écouter Thierray, tressaillit et parut impatient de retourner vers la maison. Ce pouvait être une commotion naturelle sur des nerfs délicats; il pouvait aussi avoir faim; mais Thierray voulut s'attribuer la victoire d'avoir au moins découvert quelque chose.

— Il y a, dans cette maison, pensa-t-il, des bruits qui le font frissonner et quelqu'un qui l'attire irrésistiblement. Donc il est *passionné* plus qu'il n'est *utile* et vertueux. Il aime Benjamine comme sa sœur, il respecte Olympe, il abhorre Nathalie... c'est donc Eveline qu'il aime. Eveline doit aimer les papillons.

Cette circonstance, cette supposition, gratuite ou non, décida des sentiments et des pensées de Thierray pour tout le reste de la journée. Il avait été amoureux à Paris, pendant quelques jours, de madame Dutertre, amoureux sans désir arrêté, sans ébranlement de cœur. L'assaut qu'il avait subi la veille, en s'imaginant qu'elle était grand'mère, les plaisanteries de Flavien, les siennes propres, avaient dépoétisé en lui cette brillante image; et puis, Dutertre lui avait paru beau et respectable au milieu de sa famille. Son accueil était si cordial ! il inspirait tant d'estime et de reconnaissance à tous les gens du pays qui parlaient de lui! Thierray n'était corrompu qu'à la surface, par bravade, par affectation. Son cœur avait de la jeunesse, de la droiture, des instincts de religion sociale. Il s'abstint donc de faire attention, ce jour-là, à la victime qu'en riant il s'était choisie en quittant Paris; et, se sentant excité par la première idée de lutte qui lui tombait sous la main, il résolut d'être amoureux d'Eveline, au moins jusqu'au coucher du soleil, ne fût-ce que pour faire enrager Amédée.

On est beaucoup moins scrupuleux envers la fille d'un ami qu'envers sa femme, parce qu'on peut l'épouser si l'on arrive à la séduire ou seulement à la troubler; et, quand elle est riche autant que belle, la perspective n'a rien d'effrayant. Pourtant, si Thierray eût réfléchi ce matin-là, il se serait abstenu, car l'idée de s'enrichir par le mariage blessait toutes ses notions sur la dignité et la liberté de l'artiste.

Mais déjà Jules Thierray n'était plus l'homme qui avait quitté Paris trois jours auparavant. La campagne, le grand air, le soleil de septembre, l'aspect des vieux manoirs, le mouvement à travers les grands bois, les beaux jardins, les fleurs luxuriantes, et plus que tout cela, l'indéfinissable influence que répand dans l'air qu'on respire la présence d'un groupe de femmes jeunes, belles, jolies, opulentes, et forcément plus avenantes à la campagne qu'à Paris, ne fût-ce que par devoir d'hospitalité ou par désœuvrement, c'était dequoi enivrer un peu cette tête vide et l'emporter hors du cercle rigide que lui avaient tracé la mode du scepticisme et ses instincts de farouche indépendance.

Le succès d'Eveline sur Thierray fut fatalement favorisé par l'attitude que prit sans préméditation madame Dutertre. Elle avait l'habitude, aussitôt que paraissait un étranger, et surtout un jeune homme, de s'effacer entièrement pour laisser briller les filles de son mari. A Paris, où elle se trouvait comme tête-à-tête au milieu du monde avec ce mari passionnément épris d'elle, elle redevenait elle-même et laissait percer une vive intelligence. Mais dévouée à ses devoirs avant tout, elle ne quittait presque jamais la campagne et la famille. Aussi n'était-elle pas brillante d'habitude. Thierray ne l'avait vue que dans un de ces rares intervalles où elle ne craignait pas d'exciter de funestes rivalités. Quand il la trouva si réservée, si peu communicative, si sobre de se faire voir et entendre, bien qu'il reconnût qu'elle était encore plus belle que ses filles d'adoption, il la jugea guindée. « Je ne m'étais pas trompé sur sa jeunesse et sur sa beauté, se dit-il, mais je m'étais fait illusion sur son esprit et sa grâce. C'est une vaniteuse indolente qui s'admire elle-même et se croit dispensée d'être aimable. »

Personne ne songea à entrer au salon avant de se mettre à table, le repas était servi, Dutertre avait faim. Thierray put aller déposer le bouquet sur le clavecin sans être observé.

Olympe et Benjamine étaient habillées

de même, en rose. La belle-mère avait dû céder aux désirs de l'enfant, qui prétendait fêter par là l'arrivée de son père chéri, et dont la passion était de copier les vêtements d'Olympe avec autant de soin que ses sœurs en mettaient à s'en éloigner. Aussi Nathalie arriva-t-elle l'avant-dernière, avec une toilette bleu céleste, très belle, mais très mélancolique ; et Eveline, la dernière, avec une robe de foulard bariolée de fleurs et couverte de rubans chatoyants. Chez elle, la profusion et la fantaisie n'excluaient pas le goût. Elle était éblouissante de parure en ayant l'air de s'être arrangée à la hâte et au hasard.

Cette toilette étourdit Thierray. — Est-elle toujours ainsi, se dit-il, ou suis-je pour quelque chose dans cette gracieuseté ? — Il ne passa pas cinq minutes auprès d'elle, car il arriva précisément qu'elle vint occuper la place restée vide à son côté, sans trouver moyen de lui prouver par ses observations qu'il appréciait sa science et en goûtait les raffinements. Il y avait plusieurs autres commensaux, arrivés pour saluer l'arrivée de Dutertre. Le déjeuner était assez bruyant à cause du mouvement des valets, de la sonorité de la vaste salle en boiserie, de la gaîté communicative de l'amphitryon et du mouvement incessant de Benjamine. Grâce à ces circonstances, Thierray put bientôt lier une causerie assez animée avec sa voisine.

Elle reçut d'abord avec moquerie les compliments adressés à sa toilette.

— Comment! monsieur, lui dit-elle, vous faites attention à nos chiffons? On nous avait dit que vous étiez un homme sérieux!

— Qui m'avait ainsi calomnié? dit Thierray.

— Ah! vous convenez, reprit Eveline,

que dès qu'on s'occupe de toilette, on perd le droit de prétendre au sérieux ?

— Non pas ! Il y a sérieux et sérieux, comme il y a toilette et toilette. Ne voir que la valeur ou l'éclat des choses, c'est être frivole ; mais apprécier le choix, l'arrangement, l'harmonie, c'est faire de l'art, et je déclare que vous êtes une grande artiste.

— Votre approbation doit me flatter, dit Eveline ; les romanciers ont besoin de s'y connaître pour peindre des types. Voyons ! à quel caractère attribueriez-vous mon costume dans un de vos personnages ? Mes chiffons seraient-ils l'indice révélateur d'une nature fantasque ou profonde, courageuse ou timide ?

— Il y aurait de tout cela, répondit Thierray, des contrastes piquants et des énigmes terribles dont on donnerait peut-être sa vie pour savoir le mot.

— Tais-toi donc ! dit tout bas Eveline à Nathalie, qui lui adressait la parole. J'écoute une déclaration. — Expliquez-vous mieux, dit-elle en se retournant vers Thierray, et ne faites pas trop de littérature avec moi qui suis une fille de campagne. Dites tout bonnement ce que je suis, ce que je pense.

— Jusqu'à ce jour vous n'avez rien aimé.

— Oh! si fait : mon cheval!

— Vous en convenez, rien que votre cheval?

— Oh! mes parents, ma famille, cela va sans dire...

— Vous vous aimez encore plus vous-même.

— Mais vous me dites des injures, je

crois, et je n'aime que les compliments, je vous en avertis.

— Je ne vous en ferai pas. Vous êtes peut-être une âme affreuse, un caractère détestable !

— Tu appelles cela une déclaration? dit à Eveline Nathalie, qui écoutait.

Eveline éclata de rire et regarda Thierray en face. Et moi je vous trouve charmant, dit-elle, je vous en prie, recommencez.

— Cela vous amuse? dit Thierray, c'est

dans l'ordre. Vous savez que vous avez des forces pour faire souffrir, et vous ferez beaucoup souffrir.

— Qui donc? les gens assez fous pour m'aimer?

— Ou pour vous le dire, répondit Thierray en serrant les lèvres d'une manière expressive.

— Conviens qu'il a un joli sourire, dit Eveline à Nathalie, pendant que Thierray répondit à son voisin de gauche.

— Allons! répondit Nathalie en haussant les épaules, te voilà éprise d'un sot ou d'un roué !

— Ou d'un roué? reprit Eveline. S'il est amoureux de moi à la première vue, il est dans la première catégorie. S'il l'est de ma belle-mère, et qu'il veuille se servir de moi comme d'écran, il est dans la seconde; nous verrons bien !

Sur la fin du repas, Flavien arriva, et, sachant qu'on était encore à table, il passa, par le perron du jardin, dans le salon, admira le bon air que Thierray avait su donner à son offrande, et envoya tout doucement Crésus porter au cabinet de travail de Dutertre la procuration signée de sa main. Puis il se mit à faire le tour des jardins, ne voulant pas assister en provincial à son triomphe.

Le triomphe fut complet. D'une part, le charmant clavecin tant convoité par Eveline et si bien apprécié par Olympe; de l'autre, le cordial et flatteur badinage de la procuration paraphée et signée que le secrétaire de Dutertre lui apporta au beau milieu du salon : il y avait certes de quoi donner une bonne idée des manières du jeune gentilhomme, et ce fut encore mieux quand Crésus, appelé et questionné à l'incitation de Thierray, raconta à sa mode comment M. de Saulges s'y était pris pour deviner ce qui pourrait être agréable aux dames de Puy-Verdon.

FIN DU PREMIER VOLUME.

Imp. de E. Dépée, à Sceaux.

EN VENTE

LA COMTESSE DE CHARNY, (suite d'Ange Pitou) Par A. DUMAS, 12 volumes.

LE VEAU D'OR, Par FRÉDÉRIC SOULIÉ, 6 volumes.

Cet ouvrage n'a pas paru en feuilleton.

AVENTURES DU CHEVALIER DE PAMPELONNE, Par A. DE GONDRECOURT, 5 vol.

FALKAR LE ROUGE, Par G. DE LA LANDELLE, 5 volumes.

IL FAUT QUE JEUNESSE SE PASSE, Par ALEXANDRE DE LAVERGNE, 3 volumes.

LA TOUR DE DAGO, Par A. DE GONDRECOURT, 5 volumes.

LES OISEAUX DE NUIT, Par XAVIER DE MONTÉPIN, 5 volumes.

LAQUELLE DES DEUX, Par MAXIMILIEN PERRIN, 2 volumes.

CHEVALIER D'ESTAGNOL, Par LE MARQUIS DE FOUDRAS, 6 volumes.

Impr. de E. Dépée à Sceaux.

www.ingramcontent.com/pod-product-compliance
Lightning Source LLC
Chambersburg PA
CBHW060639170426
43199CB00012B/1602